北京市哲学社会科学北京学研究基地项目资助
北京联合大学北京市级重点建设学科人文地理学项目资助

北京学丛书·流影系列
张妙弟 主编

孙明经眼中的老北京

SUN MING JING YAN ZHONG DE LAO BEIJING

孙健三 著

北京大学出版社

写在前面的话

　　北京是闻名于世的历史文化名城，堪称世界"东方文化之都"。她具有悠久的历史，拥有内涵丰富、数目庞大的文化遗产。近年来随着社会各界对文化遗产认识的不断提升，政府工作力度的逐步加大，以及学界对其研究的不断深入，国内外读者对于北京历史文化方面的出版物也表现出了更加浓厚的兴趣，提出了更多的要求。

　　北京又是一座朝着现代化目标迅速迈进的城市，节奏之快、变化之剧已成为这个城市又一个显著的特征。以历史的眼光来看今天，今天也是"历史"，它是明天的"昨天"。所以，"今天"如"昨天"一样，需要有更多更好的出版物进行记录。

　　历史是长河，永远奔腾不息。文化在流淌，随时随地随形。有人说，"在古老的经典里，时间始终是一个谜团"。我认为这只是因为，在历史的长河中，世间万象的演绎从不会停止；在文化的流淌中，世间万象的变化是永恒的。

　　根据北京的城市性质和以上认识，北京市哲学社会科学北京学研究基地与北京大学出版社合作，推出了《北京学丛书》（该丛书分为"流影"和"纪实"两个系列）。"北京学丛书·流影系列"，以影像记录为主要表现形式，完成一套以研究为基础，以普及为目的，以服务建设中国特色、北京特点世界城市为宗旨的出版物。历史长河，文化海洋，忠实记录，流动瞬间——是该丛书名称中"流"字的依据，意在突出忠实记录历史流变中的瞬间。该丛书内容选择的四项原则是：符合"人文北京"内涵，有较好的研究基础，适合影像方式，适应出版物市场需要。

"北京学丛书·流影系列"是一个开放的体系，无论是"昨天"还是"今天"，无论是哪个领域，在符合上述"四项原则"的前提下，只要能自成"一题"或"一体"就可以成为丛书中的一册。

愿每一册"流影"成为北京历史长河中的一朵浪花。

张妙弟

目 录

编著者自序 / 008

1937年2月
在北平市内拍摄的老照片 / 025
北京天安门
天安门前的华表
午门
故宫
故宫保和殿后的巨大丹陛
故宫西南角楼与紫禁城外的大铁门
午门城楼内展出的北京建筑模型
"云辉玉宇"牌楼
天坛祈年殿模型和祈年殿
西交民巷东口的"振武"牌楼
景德街牌楼
白塔寺内之白塔与白塔寺庙会
段祺瑞执政府旧址门前石狮

1937年2月
在北平香山拍摄的老照片/054
香山慈幼院女所（女校）的艺术地毯厂

1937年2月
在北平门头沟拍摄的驮与桥老照片/059
门头沟老照片——驮与桥

1937年2月
在北平门头沟拍摄的电与煤矿老照片/064
门头沟老照片——电与煤矿

1937年2月
在北平拍摄的北平鸭老照片/080
在北平拍摄的北平鸭老照片

1937年6月
在北平拍摄的老照片/095
再赴北平拍摄的老照片

1950年10月
在北京拍摄的老照片/140
在北京拍摄的老照片

1959年12月底
在北京天安门拍摄的老照片/174
北京天安门等处雪景
天安门及天安门前的天街
北京电影学院校园门外教工清雪
电影学院民兵太平湖公园雪中操演

给您讲讲孙明经/187

编著者自序

2011年10月31日，是孙明经先生的100周年诞辰……

孙明经是一位学者，他诞生在1911年辛亥革命之年。他的诞生为中国电影高等教育和摄影高等教育创造了一段佳话和传奇。

孙明经诞生在一个"影像家庭"之中。他的父亲孙熹圣和母亲孙隋心慈的婚姻，在19世纪的大清帝国，居然未听任"父母之命媒妁之言"，堪为奇迹。这两个生活在晚清时期、就读于山东半岛东端登州文会馆的大学生，他们自由恋爱的起始，缘于课堂上看到的一幅洋人学者在北京远郊的大山之巅拍摄的长城照片……

无论科学或是技术，无论经济或是文化，在几千年漫漫的历史长河中我们的中华民族都曾经是人类的排头兵。到了20、21世纪，中华大地每有文物出土，那其中的科技含量常常令世界为之惊叹乃至瞠目结舌。陆上和海上的丝绸之路曾经为西洋送去了文明的曙光；鉴真和尚东渡，曾经为东洋播下了文明的种子。我们中华民族先人们的耕耘

图1-1　1913年10月31日，孙明经两周岁，身着母亲亲自缝制的新衣留下了这幅照片。今天的国人会有人以为照片上是一个穿着韩国服饰的小男孩，其实，这正是当年我国胶东地区的标准传统汉族中式男装。

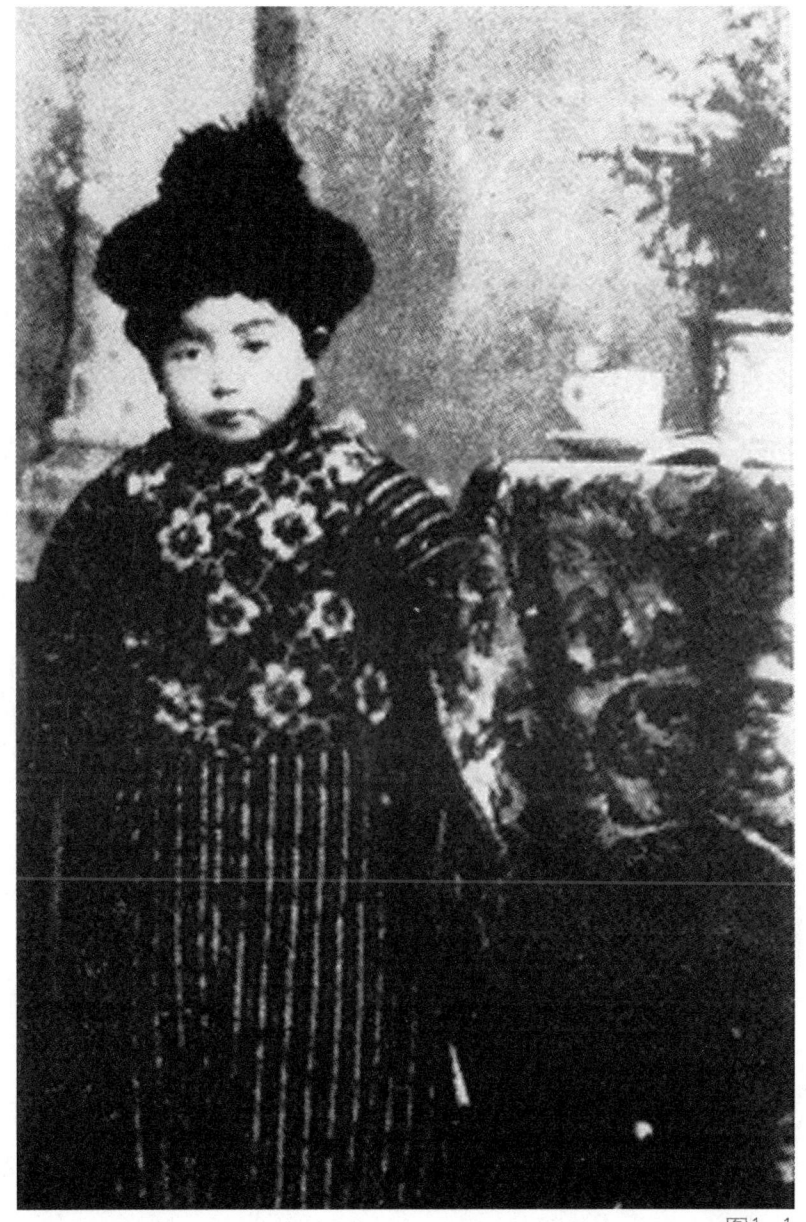

图1-1

与"播撒",把东洋和西洋统统闹得文明了现代了,后来——我们自己居然沦落为列强们欢庆胜利的宴会桌上的糕饼。

为什么科学技术曾是人类排头兵的中华民族,居然会变得"落后就要挨打"?

19世纪中叶以后,欧美发达国家中很多深信"科学技术是推动人类文明进步根本动力"的学者们,面对泱泱中国会变成这般模样实在是难于理解,因为在科学技术的领域中,中国曾多少世多少代一直是人类的排头兵呀!

学者们开始了各式各样的探索,踏上了各式各样为寻找症结的探求之路……

在种种寻找与探求中,1863年,一个名字叫做狄考文的年轻美国学者,和他正在蜜月中的新婚妻子美丽的狄朱丽叶,隐隐约约地感到他们自己似乎已经找到了答案……

他们发现,中国人使用的数字一二三四五六七八九十百千万亿兆,无论怎样也难以在"当时代"的中国以外的世界通行的数学、物理、化学、机械、冶金、铁路、建筑等各种科学领域中被得心应手地运用!这导致整个中国知识界难于借助世界科技界所有已经取得的科技成就,因为中国以外的世界科技成就无一可以离开"运算",而在疆域浩瀚的中国的整个知识界能够使用的一二三四五六七八九十百千万亿兆的"数学语言",绝对无法和正处于蓬蓬勃勃汹涌向前的工业革命的世界对话,无法通过种种"运算"来和世界的工业革命大潮与成果接轨。

他们发现,中国人拒绝"照相",理由仅仅是中国知识分子中的很多人顽固地认为照相会"夺去人的灵魂"。恰恰1839年照相术在地球上的诞生,为人类认识、处理、传播知识与信息,带来了前所未有的革命。由此造成的人类"获取知识""传播知识"的方法与理念产生翻天覆地的变化。中国知识界拒绝照相,造成整个中国无法借助照相术带来的"学习革命"和"传播革命"的一切好处。

太平洋那边蜜月中的两个年轻人,面对自己的重大"发现",产生了使命感和责任感,他们在蜜月中作出一个决定——到地球的那一面去,把1234567890,把$+-\times\div=\{\ \}<>\%\therefore\because\infty$……还有小数、分数、微分积分等等的运算方法与学理以及照相术为人类认识世界、认识宇宙、获取和传播知识的方法和好处在古老的中华大地上传播。

19世纪的美国知识界中，有一种认知：没有新大陆的发现绝不会有后来美国的立国。而新大陆的发现和欧洲人对美洲的占领开发，则得益于指南针的发明和火药的发明。

19世纪美国的小学和中学教学中，有"中国人发明了指南针"以及"中国人发明了火药"的教学内容……

美国的立国，也源于当年很多很多欧洲人的"大航海梦"。

因此，一代一代的美国年轻人的血液里都奔腾着"大航海梦"的遗韵与基因。

没有中国人发明的指南针和火药，我们的世界就不会有"大航海时代"的实现。

美国的立国与那一篇著名的《人权宣言》，把"人人生而平等"的理念，植入了一代代美国年轻人的潜意识当中。"曾经为全人类也为美国发明了指南针和火药的中国，应当享有运用1234567890+－×÷={ }<>%∴∵∞……小数、分数、微分积分等等的运算方法与学理和照相术成果的资格与权利。"于是，这一对年轻人历经万难来到了中国，他们选择了齐鲁大地。

这一对蜜月中的年轻人的这个决定，竟然为古老的中国近代历史里那一段"西学东渐"运动创造了一段传奇——这一对踏上齐鲁大地的洋人的步伐，就此成为我们这块古老大地上"和国际接轨的近代高等教育历史的开始"。他们二人不仅成为中华大地上第一所和国际接轨的高校的创办者，也是最早用1234567890+－×÷={ }<>%∴∵∞……小数分数微分积分等等的运算方法与学理在中华大地的高校中开设课程，从而开启让中国人真正开始接受和运用乃至与世界共享人类在"数学"领域内一切成果的时代。

在齐鲁大地上，照相术成果在中华大地上的传播，使狄考文夫妇意外地发现了中国知识界中很多人会拒绝照相还有更为有趣的深层原因……

初到中国，在狄考文夫妇开始按照美国的学校样式和教育理论创办学校之初，夫妇二人以惊人的努力学习中文和中国文化。当他们第一次在中国过"大年"，被带到登州城里的大戏台前观看中国人演出的中国戏剧时，狄考文夫妇发现了一个让他们当时无论如何也想不明白的事实——教他中文的人告诉他们，当地人把观看戏剧演出称为"听戏"而非"看戏"！

明明数以千计的人挤在大戏台下一起观看台上的戏剧演出，为什么当地的中国人会把"看"戏剧演出，说成或理解成"听"戏？狄考文和夫人在和中国

图1-2    图1-3

图1-2：1937年1月孙明经在大同云冈石窟所拍摄的金面佛即为"眯眯眼"造型。

图1-3：1938年6月孙明经在当时四川嘉定县（今乐山市）拍摄的乐山大佛即为"眯眯眼"造型。

当地民众第一次一起"观看"中国人演出中国戏剧之前，为了了解和研究中国文化，他们要求他们的中文教师带他们到中国的庙宇和中国的"图书馆"。在登州和登州周边的庙宇和"藏书楼"中，狄考文的夫人狄朱丽叶注意到一个细节或说现象——在中国的庙宇中，在中国的"藏书楼"中他们看到的，凡地位高的"佛像"或地位高的人物像，无论是塑像、雕刻像或是画像，都是"眯眯眼"。尤其是相当于西方"美女画"的中国"仕女图"中的"淑女"们，全部都是"眯眯眼"！

狄朱丽叶和自己的丈夫讨论了这个现象，这种由中国人塑造、雕刻或绘画的中国人物的眯眯眼细节，到底源于中国人种的审美，还是源于中国人种的生理？他们开始在现实生活中观察身边的中国人。他们发现了一些有趣的现象或可称为细节——他们能接触到的绝大多数中国人，在用眼睛专注地"看"的时候都会"眯"起眼睛，而这正是"弱视"或"近视"者的典型表现……

夫妇二人发现他们接触到的"中国人的视力普遍表现为弱视或近视"。

狄考文夫妇在"考察"登州和登州周边当时的中国学校——私塾和学馆时，他们看到的竟然是私塾和学馆的先生们闭着双眼摇头摆脑地一句一句高声背诵，一群"学子"们同样闭着双眼摇头摆脑地跟着私塾或学馆的先生一句一句背诵。

两位洋学者产生了好奇：为什么中国教师和学生在"学校教室"里的"教"与"学"会如此用"耳"与用"眼"？

狄朱丽叶注意到两个细节：她和丈夫考察过的当时当地所有的私塾或学馆的"教室"和美国学校有一个显著区别——登州当地"学校"教室的窗户都很小，窗户上没有玻璃，而是一层很厚的透光程度远远差于玻璃、被当地中国人称为"糊窗户纸"的纸张。私塾或学馆"教室"中光线的昏暗，即便是户外阳光最明亮的中午，狄朱丽叶发现自己在这样的"教室"中也难于看清和辨认自己手里的英文书籍上的印刷体的英文字母……在这样的教室里"看书"，狄朱丽叶发现，她身边的中国人不仅不会睁大眼睛，反而一定会眯起眼睛！

这一发现使狄朱丽叶惊喜，觉得一下明白了一件她刚到中国时十分好奇的事——为什么印刷版本的中国书籍中的每一个字符，都远远比英文书籍中的印刷体字符大得多。

这两个细节的发现，使狄朱丽叶觉得自己好像已经找到答案。

但，当狄考文夫妇第一次在登州过大年，第一次和数以千计的中国民众一起观看中国人演出的中国戏剧时，"这种由中国人塑造、雕刻或绘画的中国人物的眯眯眼细节,到底源于中国人种的审美,还是源于中国人种的生理"的这一"课题",再一次回到狄考文夫妇之间。

让狄朱丽叶大大惊叹的是,在过大年演大戏的现场,她亲眼看到所有在场的中国观众把目光对准大戏台上的演出时,几乎全部都是"眯眯眼"!

"难道当地的全体中国人都弱视或者近视?"

在狄考文夫妇踏上中国山东大地的1864年和以后,在1882年登州文会馆大学部开设以后,西方医学界对于"食物结构"会给予人类"身体"或具体器官的发育以及"功能"产生影响的现象,已经积累了一些研究成果。

"登州当地中国人的普遍弱视或近视,是否和当地人的饮食结构有关?"

1886年在登州文会馆大学部开设以后的第四年,狄考文夫妇决定和自己的学生一起把"美国普通民众和中国普通民众的食谱与视力是否有关"做一个调查比较研究。

一个名字叫做孙熹圣的学生,在参加这项研究中注意到,"胡萝卜""西红柿""洋葱头""洋芋""番薯""番瓜"这些名曰或"胡"或"西"或"洋"或"番"的蔬菜,在当时胶东一般中国民众的田地和食谱中,几乎是见不到的。

这一结果引发狄考文夫妇进一步研究的兴趣,他们不仅开始带领自己的学生们在学校的田地里扩大种植"胡萝卜""西红柿""洋葱头""洋芋""番薯"和"番瓜",在收获以后,他们还鼓励学生们,特别是近视程度较重的学生多吃一些这类"胡西洋番"的蔬菜。这些蔬菜不仅收获期前后衔接相错,而且可以贮存成为"过冬菜"。经过一个夏秋冬春的周始,四季常食"胡西洋番"的学生们的视力和近视程度奇迹般地得到实实在在的改善。在这一过程中"胡萝卜""西红柿""洋葱头""洋芋""番薯"和"番瓜",也渐渐被更多当地的普通中国民众的"餐桌"接受。当地农民也发现,"胡西洋番"不仅产量高,还可"当饭充饥",还可贮存过冬。渐渐地,种植和食用"胡西洋番"之风,从山东登州向内地蔓延。

作为狄考文夫妇的学生,孙熹圣得到了一个机会,用亲身经历弄明白中国人为何在感觉、审美、记录、叙事等各个方面,皆为"音先影后"或"听先看后"乃至"重闻轻见"的原因……

中国人会把"看"到的新发生的事不叫"新看",不叫"新见",却偏偏会叫"新闻"!即便到了今天,我们中国人依旧会把通过"摄影师"的眼睛所记录的新发生的事的照片叫做"新闻照片";记录的电影节目叫做"新闻纪录电影";记录的电视节目叫做"电视新闻";把通过摄影师的眼睛所见的现场直播的电视节目叫做"新闻直播"!

从中央到地方的电视台,都会有"新闻频道"!明明是在电视屏幕上让广大观众用眼睛看新发生的事,今天的中国人依旧会说自己看的是"电视新闻"而绝不会有中国人会对此提出异议或把看"新闻"实事求是地说成看"新见"或看"新视"!

其实,中国人种在审"美"、审"理"、叙事与纪实等各个方面,几千年来都延续着音先于影或听先于看的传统。

让我们以记录中国人早期审美的《诗经》举例:

"关关雎鸠,在河之州……"这八个字所描述和记录的是一条大河——河中有绿洲,绿洲上有求偶的雌鸟(有学者认为是雌鸟也有学者认为是雄鸟),雌鸟正在向雄鸟发出求偶的鸣叫声——关关……

在这里,我们中华民族的先人们的感官首先感受到的和"审美"到的,不是大河不是绿洲也不是正在绿洲上求偶的雌鸟,而是雌鸟为求偶所鸣叫的声音"关关";然后是发出"关关"鸣叫声的雌鸟"雎鸠";再然后是雌鸟所在的位置,即在"河"中的"绿洲"。

在这里,感觉、审美、记录、叙事,皆为"音先影后"或"听先看后"。

再以记录中国人早期审"理"的集大成之《论语》举例,即"子曰"……全书无不以此二字开始并贯穿全篇。

读《论语》讲《论语》,拥有不同学业背景的人会有各自的读法与讲法。从研究视听关系的视野来看、来理解,我们看到的、理解到的《论语》,实际上,全书通篇记录的皆为孔子嘴里发出的声音。

细细地看看"曰"字,我们看见的便是一个张开的人口中,上下两排白色牙齿张开之间,所露出的发出声音的舌头。

中国人对于"听"和"看"的关系秩序有别于中华民族以外民族的认知,是否构成大清帝国晚期中国知识界中很多人会拒绝照相的潜意识层面的前提和基础。

今天,我国很多讲"传播学"的学者或论著中,讲到关于人类的认知来源时,往往会引用一个"83%来源于视觉,13%来源于听觉,4%来源于触觉、味觉、嗅觉"的定式（见图1-5——摘自1942年9月15日出版《电影与播音月刊》一卷五期，P11）。其实，这个定式是从欧洲学者对欧洲人的研究试验的结果中统计出来以后翻译过来的。

在19世纪发生在中华大地上的"西学东渐"运动中，不仅狄考文夫妇注意到了这一现象，作为京师大学堂西学总教习的丁韪良（1827-1916，William Martin），早在1872年他在北京担任"同文馆"总教习时，就和德贞等另外两位洋人学者创办了对中国近代科技与文化影响深远的中文月刊《中西闻见录》。这份被孙熹圣、孙明经等学者称为北京最早的"学报"的《中西闻见录》（参见图1-6）办了三年，16开本，一共出版36期，该月刊大量发表作者对当时所"见"西方新科学技术的成果。丁韪良是一个地道的美国籍白种人，对中国文化和中文却深有研究。作为著名的《中国觉醒》一书的作者，他参加创刊并作为主要撰稿人和编辑。就丁韪良在为这个后来被很多中外研究者推崇的中文月刊定名《中西闻见录》，把"闻"字放在"见"字的前面

图1-4　本照片对于这一篇自序该算是一幅代用的照片，照片的内容不是"登州文会馆"的师生，而是地处广州的岭南大学第一任校长哈巴和夫人与岭南大学中国师生等学人的合影。笔者在此借用的目的是要展示这幅照片，让我们看到中国的读书人群体，当时已经不再相信"照片夺人灵魂"的邪说。1948年时担任联合国教科文组织大众传播委员会中国委员的孙明经老师，尊恩师郭有守安排，制作了一批向世界介绍中国高校的幻灯卷片，该幅照片选自这批卷片中。孙明经老师为该照片亲笔撰写的说明文字中有以下一段："……这幅哈巴夫妇和中国弟子的合影照片，我们何以会感到它在未来的'中国地方民俗史'的文献中拥有里程碑的地位？尽管照片里，每一位中国的读书人在拍摄合影前都把自己头的前半部剃得光光！但却是目前我们看到过的在中华大地上中国读书人，在'光天化日之下'肯于或敢于公然'男女为伍'，公然在光天化日之下男女不仅为伍，而且敢于超越近在咫尺的尺度，达到'袍袖相依'地步时间最早的影像纪录！照片不仅记录了中国读书人'男女不伍''非礼不伍'之'礼俗大堤'早期溃口的信息，而且为后来的研究者提供了得以永远通过影像亲眼看到，而非通过阅读文字去揣摩的依据！"

孙明经老师曾告诉笔者，年轻时代的孙中山先生即在这幅照片中。

图1-4

看,可见他早在1872年以前,对于中国人认知的"听"与"看"的关系顺序即已经关注并有所得。

19世纪80年代以前在中国知识界中存在的重闻轻见,虽是泱泱中华的传统和现实,却是"学习""教学"和"求实求真"学风的大敌。中国人会对"人言可畏"的信条坚定不移,知识界常常会有人宁愿坚信听到的传言,也不愿相信自己亲眼看到的事实……

到了19世纪80年代,对于生活在山东半岛东端的年轻学子们来讲,跑得比最快的烈马还快的火车什么样,比十座城门楼子还大得多的巨大的海轮什么样,巴黎、伦敦、纽约的高楼大厦什么样,大象什么样,巨蟒什么样,巨鲸什么样,恢

視覺教育之重要

人類接受印象之途徑

視覺：佔百分之八十三

聽覺：佔百分之十三

其他官覺：佔百分之四

——美國俄亥俄州州立影片庫目錄

图1—5

西歷耶穌降生一千八百七十三年 四月

中西聞見錄

中歷同治十二年 三月

图1—6

图1—6　丁韪良等洋人学者创办的同文馆学报《中西闻见录》。

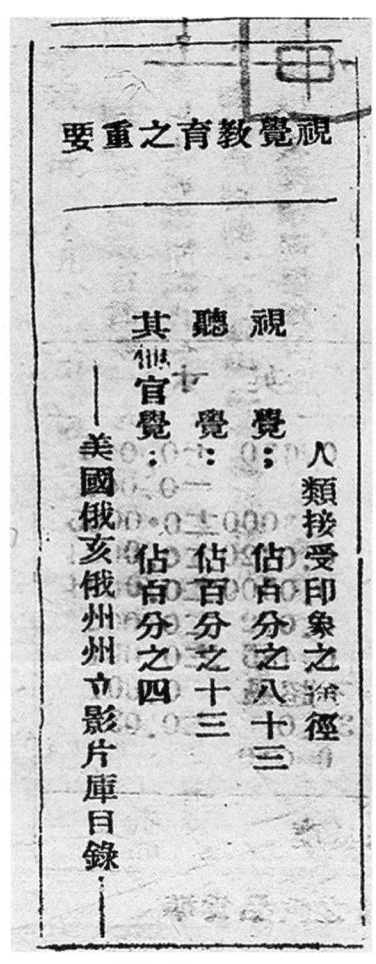

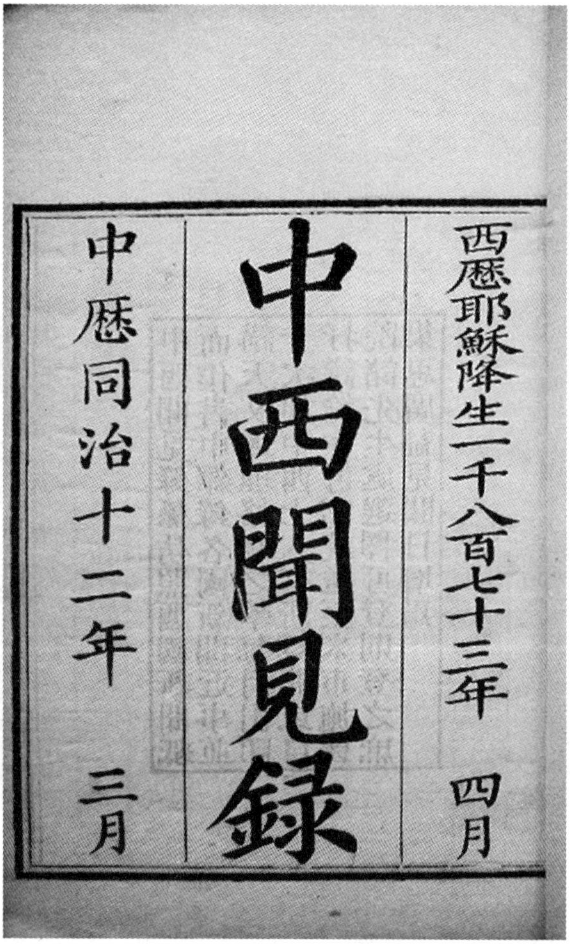

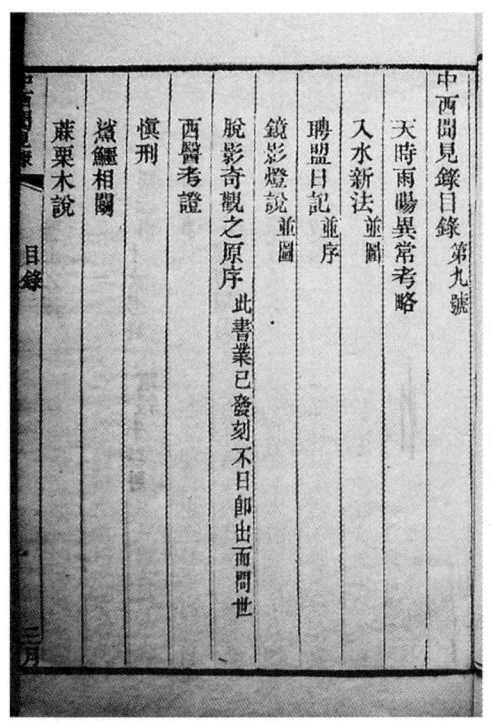 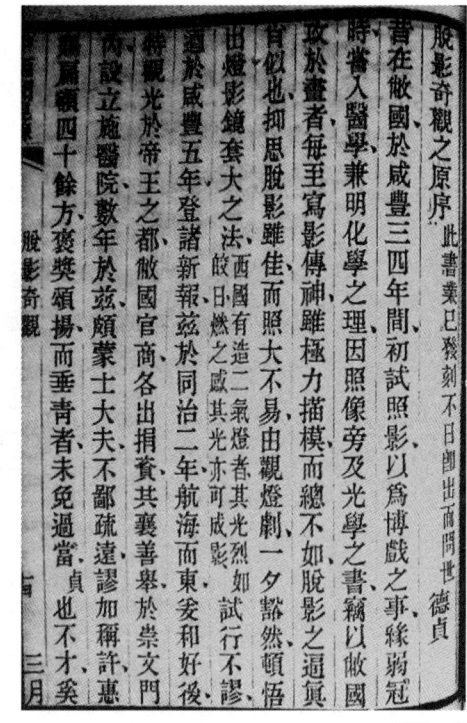

图1-7　　　　　　　　　　　　　　　图1-8

图1-7 为清代同治十二年三月，公元1873年4月出版的北京同文馆学报《中西闻见录》第九号目录（第九期），可见右起第五项"镜影灯说并图"，右起第六项"脱影奇观之原序此书业已发刻不日即出而问世"内容。

图1-8 为清同治十二年三月，即公元1873年4月，刊载在北京同文馆学报《中西闻见录》第九期第十四页德贞博士的文章首页照片。

宏的歌剧院什么样，藏书极为丰富的英国皇家图书馆还有无奇不有的博物馆以及巴黎、柏林、纽约的图书馆博物馆什么样，那巨大的由蒸汽机推动的分布在英国、法国、德国、美国的各式各样的工厂什么样，那些世界最著名的大学到底什么样，那些可以夜观天象、清清楚楚看到月亮表面的巨大的天文望远镜到底什么样？林林总总，对前所未闻新知识的探求与渴望，使中华大地上新一代的学子们开始对"闻重见轻"的几千年的"认知传统"的固守产生了动摇。因为西学东渐之风，把"照片"这东西吹到了他们每一个"自己"的面前，仅仅阅读文字的叙述，仅仅听"饱学者"的讲述，无论如何也想象不出具体模样的"西洋奇闻"，一旦看到照片，便一切了然。

从此，"百闻不如一见"在中国读书人的认知理念中不再仅仅是六个汉字，对于一切自己没有亲眼看到过的或事或物，如果不能亲见，起码也应该看看照片，成为一种"不仅是学习与认知的规则，也逐步成为高校中做老师做学生的自觉"……

照相术被世界公认诞生于1839年，中国人第一次把自己的"影像"留存在照片上始于1841年。但，中国的知识界，真正群体地接受照相术，开始自觉地真正努力学习和使用照相术，却从1841年开始经历了四十多年。到了19世纪80年代，当中华大地上真正出现了第一所学理、办学理念、教学规则、教学方式、教学内容和伦敦、巴黎、柏林、波士顿……的大学一样的中国的大学——地处齐鲁大地的"登州文会馆大学部"并开始招生授课，中国的学者们和学子们，才开始出现群体地运用"照相术"以及照片将自身的"学业修养"、自身的"学术精进"与"学养追求"相融。

孙明经的父亲孙熹圣和母亲孙隋心慈，就是在这一时间段中，走进了狄考文和狄朱丽叶创办的"登州文会馆"大学部备斋。

19世纪80年代孙熹圣和他的同学们一起，经历了中国教育历史的那一次重大变革——大量照片和幻灯放映进入教室，成为他们了解教室以外乃至遥远的大洋彼岸世界的奇妙窗口。人虽在山东的小城，却可通过照片和幻灯放映"历历在目"地看到七大洲四大洋的林林总总。

狄考文和狄朱丽叶对于中国教师们为弟子们描绘的学养的最高境界"破万卷书、行万里路"不仅赞赏，而且作了重要的补充，添加了"看万幅照片"，1898年以后又添加了"看万卷电影"……

照相术在登州文会馆的教学安排中，被排列在"格物"门当中。

1898年美国学者丁韪良以西学总教习身份参与创建"京师大学堂"，即今天北京大学前身，在这之前，在担任北京同文馆总教习前一年即1868年他完成了中文版本的"西学"教科书《格物入门》。该书卷三（下）《论光》部分中讲解光学原理，专门介绍了"映画"与"射影"（放映照相机）等光学器具的构造与原理。

担任京师大学堂西学总教习前，丁韪良曾担任过登州文会馆西学教习。在这之前的二十多年，丁韪良长期担任北京同文馆西学总教习。

在北京担任同文馆西学总教习期间的1872年8月即清同治十一年七月，他和其他洋人教习共同创刊和编辑了同文馆学报《中西闻见录》，丁韪良本人担任了主要的撰稿人和责任编辑。

德贞（1837-1901），1860年来华，英国医学博士，英文名字Dr. John Dudgeon，是一位医术高明的西医，当时在中国的北京至少有三个明确的身份：（1）施医院的院长，施医院后来发展为著名的北京协和医院和协和医学院；（2）同文馆西学教习；（3）同文馆学报《中西闻见录》主要撰稿人之一，该刊创办后的主要编辑之一，对《中西闻见录》创刊和发展的贡献次于丁韪良。《中西闻见录》的编辑部即设在施医院内。

《脱影奇观》今天被我国摄影史学界认为是我国出现的第一部照相术的中文专著与教科书。仅看《脱影奇观之原序》首页，我们即可得知，在1886年孙熹圣进入登州文会馆十三年前的1873年，德贞医生已经正式出版了系统讲述照相原理和运用"镜影灯"即今天名为幻灯放映的方法，将照片"套大之法"。

赫士继狄考文之后成为登州文会馆的馆长（校长），1894年赫士口译口述，较孙熹圣稍早入学的朱葆琛用中文记录整理出版的《光学揭要》一书，既是登州文会馆西学"格致"学门的教科书，也是我国"光学"学科较早的学术专著。孙明经的恩师魏学仁博士，是我国近代光学领域的重磅级学者，魏学仁曾言：《光学揭要》在我国光学学科创建历程中，具有里程碑地位。

孙明经老师告诉笔者，摄影作为我国一门现代学科，《光学揭要》可以称为较早的一部系统的早期教材。

19世纪末中华大地上出版了一批中文版本的与照相术相关的专著和教材，如英国学者付兰雅编译的《光学须知》《光学图说》，金楷理、赵元益翻译的《光学》等十多种。

孙熹圣和隋心慈恰逢这一时间段落之中就读大学备斋（预科）和正斋（本

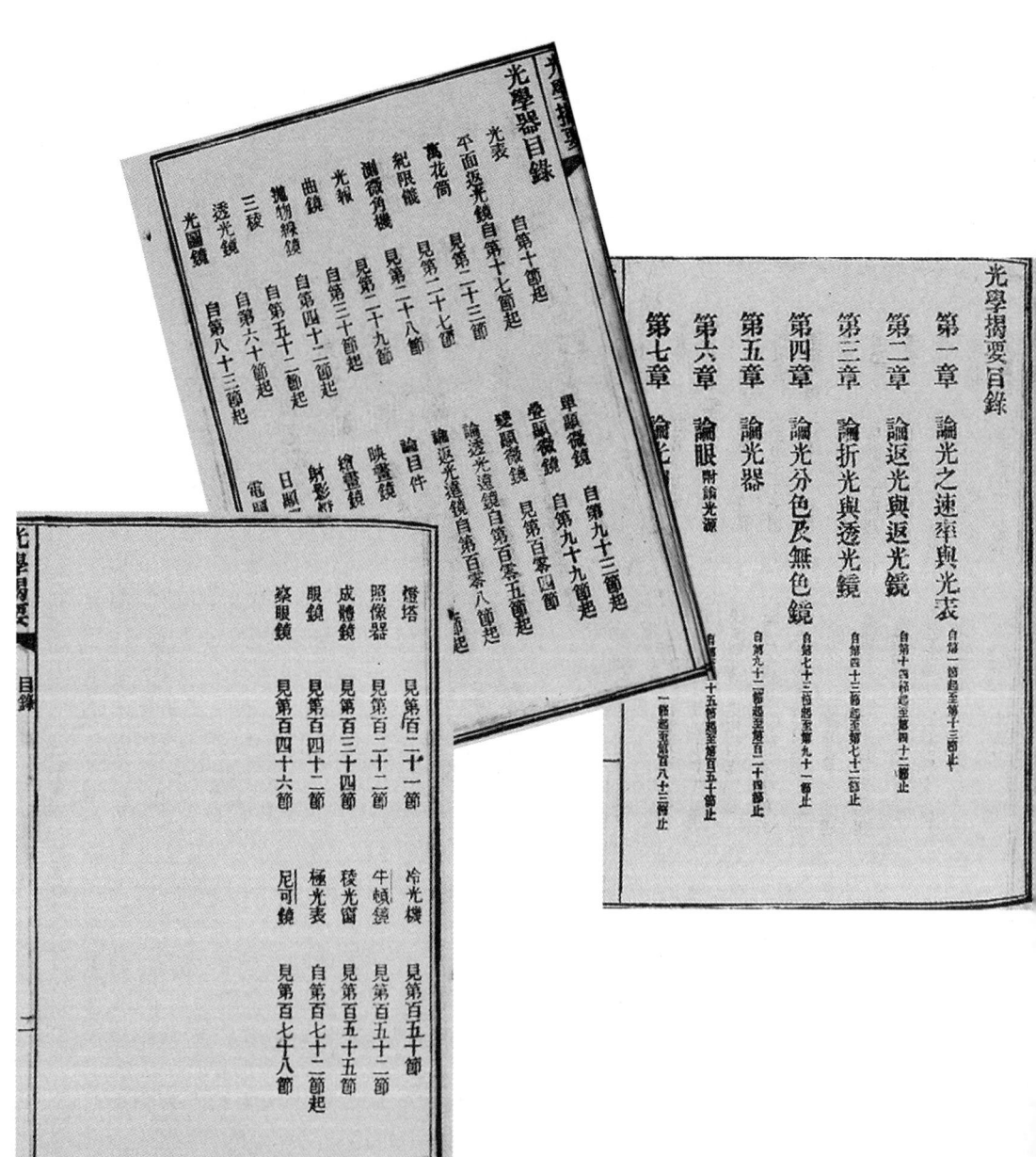

图1-9

科），他们受到的大学教育使得他们不仅可以借助中文教材，也可以自如地运用英文教材学习照相术。应该说，他们得到了时代的眷顾，命运让他们恰好成为中华大地上"影像"技术与教学结合的教学法渐成雏形的亲历者和受益者。他们成为"在现代科学技术与教育结合带来的变革中最早得到实惠"的那批中华学子中的一员。

他们有感于照片、照相术、幻灯放映对自己学养修炼带来的好处，在他们毕业后成为教师时不仅自觉地在自己的教学实践中加以运用，在教养自己儿子的过程中也成功地运用。

孙熹圣、孙隋心慈夫妇，不仅用照相术记录和见证了儿子孙明经的诞生与儿时的成长，更通过玩具的安排、游戏的设计为孙明经的成长构筑了一条"影像认知之路"。

孙明经的成长和几乎所有同龄人最大的不同之处在于，他儿时对大千世界的了解与认知，大量的信息来源于父亲母亲为他准备的"玩具"——幻灯机、大量的幻灯片和"游戏"——各式各样的"远足"，从几里远、十几里远、几十里远到几百里或更远。这些不仅成为孙明经儿时成长过程的主要内容与记忆，也促成孙明经后来成为一位经常携带电影摄影机和照相机"放足万里"的大学教师……

从20世纪的到来到1934年孙明经大学毕业成为大学教师，中华大地上"唤起民众""革命""国难""救亡"成为时代的主要音响。面对国难，几十位大学校长、上百位学界泰斗群体响应中国共产党人郭有守博士的号召，围绕在蔡元培的周围，一场轰轰烈烈的"中国教育电影运动"为"救亡"而诞生。

在"中国教育电影运动"和后来的"电化教育运动"中，年轻的孙明经得到泰斗们的刻意培养，成为20世纪上半叶中国教师中拍摄电影片和照片数量最多、内容最广的大学教师。

图1-9：《光学揭要》一书初版于1894年，由美国人赫士（W.M.Hayes）与山东高密人士朱葆琛合作编译成书，为较早在我国系统传播光学与摄影术的中文专著与教科书。1895年，德国物理学家伦琴W.Röntgen发现X射线。该书1898年再版中增加X射线内容。这时距伦琴发现X射线仅两年。

本页三幅截图为《光学揭要》一书目录，可见照相器、映画镜、绘画镜、射影灯等章节。

对于一个诞生于1911年的中国人来讲，孙明经称得上一个传奇。甚至从婴儿期开始，他的前半生的每一个人生段落，都为中国的影像发展史留下了让后人永远可以实实在在看到的照片甚至电影。

本书依据"北京学丛书·流影系列"主编张妙弟教授的规划，在从事"北京影像"研究的张帆老师的推动下，得到北京大学出版社资深编辑林胜利老师的鼓励终得成稿。笔者收集整理了孙明经分别于1937年2月、6月，1950年10月和1959年12月为不同目的拍摄的经历"文革"后残存的北京老照片，特以此书一并呈献给读者。

1937年2月
在北平市内
拍摄的老照片

北京天安门

天安门原高33.87米，现通高34.7米，今天的天安门比原来高了83厘米。

天安门始建于明永乐十五年即1417年，1420年建成。最初仅仅是一座三层五间式的木结构牌楼门，名字叫做"承天门"，取"承天启运""受命于天"之意。天顺元年即1457年，牌楼毁于雷火。八年后的成化元年即1465年重建为面阔五间、进深三间的门楼。崇祯十七年即1644年，李自成的军队攻入北京，承天门再次被毁。清顺治八年即1651年在原来的废墟上进行了大规模改建，重修建成一座城楼，取"受命于天，安邦治国"之意，名字也改成"天安门"，天安门由此得名并沿用至今。1688年即康熙二十七年以及1952年经过两次大规模的修缮。

1970年重修时基本保持了1651年改建的形制。

明清时期，天安门到大清门（明朝称大明门、中华民国时期称中华门）之间的千步廊形成占地数万平方米的T字形大广场，其东、西两侧还各建一门，东为长安左门、西为长安右门，国家主要统治机构六部及各院均设于此，构成帝国统治机构的中枢。

明清的皇帝们一般都在天安门颁布重要诏令，称为"金凤颁诏"。此外皇帝大婚、将领出征时祭旗、御驾亲征时祭路、刑部在秋天提审要犯（"秋审"）、殿试公布"三甲"（"金殿传胪"）等重大仪式也都在此举行。

1949年开始，天安门进行过多次整修，其中1952年和1970年的两次整修规模很大。1988年，天安门城楼开始对社会公众开放。

孙明经1937年2月考察拍摄时，天安门的外观和今天似有区别。

1937年2月在北平市内拍摄的老照片

图2-1

图2-1　1937年2月的天安门前和今天相比不仅树多，此外还有一些不同之处。

天安门前的华表

华表又名恒表、表木，是古代建筑中用于纪念、标识的一种立柱，华表顶端有一坐兽，似犬非犬，其名曰"犼"，民间传说这种奇兽性情好望。

远古时的人们，将本民族崇拜的图腾雕刻于立柱之上，视若神明，华表顶的雕饰也因各部落图腾不同而相异。历史进入封建社会，图腾意识渐渐在人们心中淡薄，华表上雕饰的动物随之变成人们喜爱的、富有吉祥之意的或兽或禽。唐代诗人杜甫有"天寒白鹤归华表，日落青龙见水中"之句，意思说当时华表顶上的雕饰为白鹤。细细观看宋代名画《清明上河图》，画中的华表上端确实雕饰有白鹤。据传说这是因为一个名叫丁令威的人，学道成仙，化鹤归来，立于华表上作歌，故后来人们将白鹤雕刻于华表顶上以示吉祥。

华表起源于远古的一种立木叙意，关于华表在历史上的本来用途，学者专家们的研究成果多样：

成果一：相传在我国尧舜时代，人们就在交通要道树立木柱，作为行路时识别方向的标志，是为华表的雏形；

成果二：华表起源于远古时代部落的图腾；

成果三：华表起源于远古部落边界的标识柱和界柱；

成果四：华表在上古时期名"谤木"，相传尧、舜为了"广纳谏"，在交通要道和朝堂上树立木柱，让人在柱上书写或刻谏言，鼓励人们提意见。晋代崔豹在《古今注·问答释义》中说："程雅问曰：'尧设诽谤之木，何也？'答曰：'今华表木也，以横木交柱头，状若花也，形似桔槔，大路交衡悉施焉。或谓之表木，以表工者纳谏也，亦

图2-2 孙明经1937年2月拍摄的天安门前东侧华表。

1937年2月在北平市内拍摄的老照片

图2-2

以表识胪路也'。"

崔豹所言华表木的形状与现存的天安门前的华表大致相似。今天华表的"谤木"作用早已不存，上面不再刻谏言，以象征皇权的云龙纹代替，成为皇家建筑的一种特殊标志。

成果五：华表是由一种古代的乐器演变而来。这种乐器名为"木锋"，是一种中间细腰、腰上插有手柄的体鸣乐器。先秦时，代天子征求百姓意见的官员们，奔走于全国各地，敲击木锋以引起人们注意。后来，天子不再派人出去征求意见，而是等人找上门来，将一种放大的木锋状木柱矗立于王宫之前，经过演变，渐渐成了后来的华表。

成果六：华表原本是古代观天测地的仪器。春秋战国时期有观察天文的仪器为表。人们立木为竿，以日影长短测定方位、节气，还以此来测恒星，可观测恒星年的周期。古代在建筑施工前，以此法定位取正。大型建筑因施工期较长，所立之表必须长期留存。为了坚固起见，改石柱代立木。工程完工，石柱自然成了这些建筑物的附属，作为一种形制而保留下来，成为宫殿、坛庙、寝陵等重要建筑的标志。后世华表多雕饰美化，表柱有圆、八角等形，雕有螭龙云纹，柱头有云板，顶置承露盘和坐兽、立禽，华表的原本实用意义荡然不无而逐渐成为一项建筑规制与强调艺术性的装饰品。

图2-2为孙明经1937年2月拍摄的天安门前东侧华表。

1937年2月天安门前的华表本身和今天没什么不同，只是所在位置较今天的位置靠近天安门的中轴线一些。在这幅照片上，还可见天安门中间门洞东边有一白色招牌，上面有"国立北平……"字样，是和今天不同的地方之一。

1937年2月在北平市内拍摄的老照片

午门

　　北京紫禁城的正门名叫午门，位于北京城南北中轴线上。此门居中向阳，位当子午，故曰午门。前面有端门，再前有天安门，再前有大清门（明代称大明门），其后有太和门（明代称奉天门，后改称皇极门，清代改成今名）。各门之内，两侧有排列整齐的廊庑。这种以门庑围成广场、层层递进的布局形式是受中国古代"五门三朝"制度的规范，意在强化皇宫建筑威严与肃穆的特点。

　　午门于明永乐十八年即1420年建成，清顺治四年即1647年重修，清嘉庆六年即1801年再修。

　　午门总宽近58米，平面呈"凹"字形，造型从汉代的门阙演化而来，沿袭了唐朝大明宫含元殿及宋朝宫殿丹凤门的形制。午门分上下两部分，下为墩台，高12.00米，正中开三门，两侧各有一座掖门，俗称"明三暗五"。墩台两侧设上下城台的马道。五个门洞各有用途：中门为皇帝专用，此外只有皇帝大婚时，皇后乘坐的喜轿可以从中门进宫。通过殿试选拔的状元、榜眼、探花，在宣布殿试结果后可从中门出宫。东侧门供文武官员出入。西侧门供宗室王公出入。两掖门只在举行大型活动时开启。墩台上正中门楼一座，面阔9间，进深5间，重檐庑殿顶。墩台两翼各有廊庑13间，俗称"雁翅楼"。廊庑两端建有重檐攒尖顶的方亭。正楼两侧有钟鼓亭各三间，每遇皇帝亲临天坛、地坛祭祀则钟鼓齐鸣，到太庙祭祀击鼓，每遇大型活动则钟鼓齐奏。午门整座建筑高低错落，左右呼应，形若朱雀展翅，又有"五凤楼"之称。

　　午门是颁发皇帝诏书的地方。皇帝在立春赐春饼，端午日赐凉糕，重阳日赐花糕。农历十月一，颁发次年历书，每年腊月初一，要在午门举行颁布次年历书的"颁朔"典礼。遇有重大战事得胜大军凯旋，要在午门举行向皇帝敬献战俘的"献俘礼"。明代皇帝处罚大臣的"廷杖"也在午门前举行。明代，如有大臣触犯皇家的尊严，便以"逆鳞"之罪，被绑出午门前御道东侧打屁股，名曰"廷杖"。起初仅象征性责打，后发展到常常打死人的程度。正德十四年即1519年皇帝朱厚熜要到江南选美女，群臣上谏劝阻，皇帝怒。大臣舒芬、黄巩等受廷杖者130

031

图2-3

人，有11人被当场打死。此外明嘉靖皇帝朱厚熜，继承皇位后，想要追封自己的生父兴献王为帝，遭到大臣们的抵制。群臣100多人哭谏于左顺门，皇帝下令施行廷杖惩罚，当场杖毙17大臣，民间有"推出午门斩首"之言流传。其实明清皇宫门前极为森严，犯人斩首决非此地，而是必须押往柴市（今西四）或菜市等地刑场处决。

每逢重大典礼及重要节日，都要在这里陈设体现皇帝威严的仪仗。

1937年2月的午门图（2-3），和今天最明显的区别是在午门门洞上面的墙上可以看到"国立历史博物馆"几个大字。

图2-3　1937年2月孙明经拍摄的午门，可见门洞上面的墙上"国立历史博物馆"七个汉字。

故宫

今天的故宫为公元1420～1911年明、清两代帝王的皇宫，建筑依照中国古代天人对应的星象学说设计……

《吕氏春秋》中有"择天下之中而立国，择国之中而立宫"之说，讲的是择国都中心建造宫殿是最好的位置，这种思想对紫禁城的设计与建造影响甚大。

故宫旧称紫禁城。

明代第三位皇帝朱棣用武力夺取帝位后，迁都北京，于公元1406年开始营造紫禁城，至明永乐十八年即公元1420年落成，城内宫、殿、阁、楼众多，民间传说城内有房多达9999间半。

对于这座辉煌的宫城，《明实录》上有这样的几句话"癸亥，初营建北京，凡庙社、宫殿、门阙，规制悉如南京，而高敞壮丽过之……"

1911年，辛亥革命推翻了清王朝，结束了中国最后的封建帝制。紫禁城内前部三大殿区归民国政府使用，后宫部分归逊清小朝廷使用。

1924年末代皇帝爱新觉罗·溥仪和整个小朝廷被冯玉祥将军逐出紫禁城。这之前历时五百余年间，包括慈禧太后的垂帘听政在内，前后共有明清两代24位皇帝曾在这里居住、生活并实施对全国的管理统治。

1925年，故宫博物院成立，从此，紫禁城成了可以供平民百姓买票参观游览的博物院。

今天的北京紫禁城，是世界上规模最大、至今保存最完好的砖木结构的宫殿建筑群。

紫禁城建筑布局沿中轴线向东西两侧展开，画栋雕梁，黄瓦红墙，美轮美奂，金碧辉煌。楼台殿宇，壮观雄伟，高低错落，仿若仙境。

宫城之内，五百多年间，实在是故事多多。

1937年2月孙明经在紫禁城考察拍摄时，只见游人稀少（见图2-4），孙明经1937年6月再访故宫时，故宫内外的广场上居然长出半人高的荒草。

图2-4

图2-4 1937年2月孙明经在紫禁城考察拍摄时,只见游人稀少。

故宫保和殿后的巨大丹陛

在故宫著名的三大殿当中,保和殿的位置排在最后面,建成于明朝永乐十八年,即1420年。

保和殿在明清两代用途各异。明朝举行册立大典的时候,皇帝在保和殿内更衣。年底,还要在此殿宴请百官。

清朝每逢除夕和正月十五,也都要在此殿举行宴会。此殿还是清朝举行殿试的地方。

保和殿后面,有一块巨大的石雕,用整块巨石雕刻而成(见图2-5),原雕刻为明代匠人之作。清朝乾隆年间,将原来明代所雕刻的花纹凿去,在原石上重新雕琢。石雕全长16.57米,宽3.07米,厚1.70米,重达250多吨。

石雕图案四周为流云、海水和山崖,中间飞云簇拥着九条蛟龙戏珠,有学者称其为"云龙石雕"。这块石雕刻工精美构思奇巧,堪称绝世石雕珍品。它不仅是紫禁城中最大的一块石雕,也有学者称这也是全国最大的一块成品单体石雕。

这块巨大的石头有学者考证采自京郊的房山,当时开采和搬运这块巨石时,动用了多达万计的军民,两千多骡马。为搬运这样巨大的整块石料,在严冬,每一华里打井一眼,把井水泼洒在路上,使路成为一条"冰路",万人千马齐上阵,经过28天时间,将这块巨石硬是拉到了现在的位置。

这块石雕为什么会安置在保和殿后面,学者们称史料上找不到记载。有专家推测,也许因为这块石头运过来以后就放在现在的位置,后来想要移动却因为太重实在困难,所以将就着就放在了现在的位置。

还有一说:故宫建造,讲究阴阳格局。三大殿中太和殿为"阳中之阳",保和殿为"阳中之阴"兼有内廷的性质,"阴壮而阳固",为此,在保和殿后以天下第一巨石为支撑,牢牢撑住保和殿,从而得"阴壮固阳"的效果。

图2-5

图2-5　1937年2月孙明经拍摄的保和殿后巨大丹陛。

故宫西南角角楼与紫禁城外的大铁门

　　北京城里，很早就流传一个传说：紫禁城的角楼是我国建筑先师鲁班设计的，它的外观轮廓美轮美奂，造型奇秀，若从碧波荡漾的筒子河的水中观赏倒影，实在给人一种仙宫楼阙的感觉。

　　紫禁城角楼四面凸字形多面组合，是一个多角多顶多檐多脊多柱多梁多面的建筑。屋顶三层，上层纵横交错，由两坡流水的悬山顶和四面坡的庑殿组合而成，真所谓九梁十八柱七十二条脊。

　　因为屋顶有九条主房脊，又称九脊殿。中层用"勾连搭"的做法，用四面抱厦的歇山顶环拱中心的屋顶，似众星拱月。下层檐为一环半坡顶的腰檐，使上两层的5个屋顶形成一个妙趣横生的整体。由于角楼的各部分比例奇巧之中显出协调，檐角秀美，造型别致玲珑，被学者们当成紫禁城的一种标志，建筑构思的巧妙使人惊奇、赞叹乃至敬仰。

　　传说角楼设计之初，皇上出了难题：一定要九梁十八柱七十二条脊。设计者苦思不得，日日寝食不安，以致感动了建筑先祖鲁班爷的在天之灵，从天界乔装下凡送他一个蝈蝈笼子。这个笼子的结构造型正好九梁十八柱七十二条脊！蝈蝈笼子的结构使设计者顿然解惑，于是依据蝈蝈笼子的结构建成了紫禁城的角楼。

　　不论传说如何，紫禁城角楼的确论美论巧皆可令人赞叹。

　　1937年2月孙明经拍摄紫禁城角楼时，筒子河已经结冰，无法把倒影拍进画面，于是选择了图2-6这幅照片中现在大家看到的角度，结果为我们留下了一幅历史上"曾经这般模样"的纪录——在故宫的西南角，筒子河上曾经有一座桥，桥头还有一座气派的铁栏大门。这不仅是一幅有趣的冬日景象，还记录了那年月与今天很有些不同的故宫筒子河景象。

图2-6

午门城楼内展出的北京建筑模型"云辉玉宇"牌楼

1937年2月,故宫午门城楼内陈列展品,是为"国立历史博物馆"的展室之一,其中展出做工精细的北京古代建筑模型,引起孙明经的关注与拍摄兴趣。

下页照片图2-7和图2-8为展出的"云辉玉宇"牌楼模型,这座"云辉玉宇"牌楼,原本是颐和园中一个标志建筑,南临昆明湖,它是万寿山前麓中央建筑群中轴线起点。四柱七楼,黄色琉璃瓦顶,金龙和玺彩画饰其身,在牌楼的规制中属极其高贵等级。此牌楼南向北看可见南面匾额上书"星拱瑶枢",北向南看可见北面匾额上书"云辉玉宇",昭示牌楼以北的宫殿群与彩云星辰辉映,与天上瑶池为邻。似在告诉人们,此为"群星拱卫的人间仙地"。

云辉玉宇牌楼之后,立有两只造型生动、铸造精美的铜狮,还有两侧各摆放六块不同形态的太湖石,喻在十二生肖。牌楼的两面匾额,其内容不仅表达了对皇权的赞美颂誉,还隐含君臣尊卑的礼制秩序。

图2-6 一幅有趣的冬日景象,照片记录了那年月与今天很有些不同的故宫筒子河景象。

小京流影
BEIJING LIUYING
孙明经眼中的老北京

图2—7

图2—8

天坛祈年殿模型和祈年殿

祈年殿是北京天坛主建筑，又名祈谷殿，始建于明永乐十八年即1420年，清乾隆、光绪两朝曾重修改建。为明、清两代帝王孟春时节祭祀皇天、祈五谷丰登的神圣场所。

祈年殿为镏金宝顶、朱柱蓝瓦、金碧辉煌彩绘其身的三层重檐圆形大殿。

祈年殿采用上殿下坛结构。大殿建在环绕白石雕栏的三层汉白玉圆台上，圆台即为祈坛。整体造型壮观恢弘，有拔地擎天之气势。

祈谷坛各层皆绕汉白玉石雕栏。上层望柱饰盘龙，出水饰龙吐水，中层望柱饰翔凤，出水饰凤首，下层望柱饰朵云，出水饰云朵。原建筑3层坛面俱墁金砖，如今仅上层坛南半区金砖铺墁，其余地面以水泥方砖所代。

殿为砖木结构，殿坛通高38米，殿身直径32米，三层重檐向上逐层收缩成伞状。

建筑内无大梁、长檩及铁钉。

二十八根金丝楠木巨柱分三层环绕排列殿中。

祈年殿按照"敬天礼神"思想设计，殿身圆形，象征天圆；瓦为蓝色，象征天蓝。殿内巨柱数目，依天象排列。内圈四根象征春、夏、秋、冬一年四季，称"龙井柱"；中圈十二根象征每一年十二个月，称"金柱"；外圈十二根象征每一天的十二个时辰，称"檐柱"。中圈加外圈共计二十四根，象征每一年的二十四节气。三圈总计二十八根巨柱象征着天上二十八星宿。再加上柱子顶端的八根童柱，殿内总计三十六柱，与三十六天罡契合。

祈年殿宝顶下有雷公柱，象征皇帝"一统天下"的权威。

祈年殿内藻井由两层斗拱及一层天花组成，中间金色龙凤浮雕，结构精巧，华贵富丽。

如同今天的天安门城楼已成为中国的象征与标志一样，天坛祈年殿也已成为北京这座不朽名城的象征与标志。

图2-9

图2-9　1937年2月陈列在午门城楼展室内的祈年殿模型。
图2-10　1937年2月祈年殿实景。

图2-10

西交民巷东口的"振武"牌楼

牌楼和牌坊，是我国古建中极重要和特殊的一种类型。它布局细腻，结构紧凑，形制多样，近看剔透玲珑，远看巍峨，可谓巧夺天工。

在全中国，北京是历史上建造牌楼最多的城市，历代曾经建有各式知名牌楼牌坊曾多达三百多座，其形制与形式变化无穷。随着历史的演变，牌楼已经成为我国的一种独特文化现象。它象征着权势、威严、荣誉和表彰。

牌楼既是北京古城的独特景观，又是中国特有的建筑艺术和文化载体。可惜现在全北京城现存的明清时期建造的牌楼仅有六十多座了——琉璃砖牌楼6座、石牌楼17座、木牌楼42座……今天在北京街道上能看到的古建牌楼仅余6座……牌楼或牌坊最早的记载见于周朝，开始是用于旌表节孝之纪物，后来在宫苑、寺观、园林、陵墓、街市和乡野皆有建树。老北京城里历史上最著名、最典型的有前门五牌楼，景德街牌楼，东、西长安街牌楼，东单牌楼，西单牌楼，东四牌楼，西四牌楼，这些牌楼多在50年代因"妨碍交通"而被拆除。

在老北京城正阳门内至中华门的御道东西两侧曾有"江米巷"后称"东西交民巷"，相对的路口曾各有牌楼一座，东交民巷口为"敷文"牌楼，西交民巷口为"振武"牌楼。1937年2月面对日军不仅已经强占我东北三省，而且日甚一日加紧侵略，西交民巷口的振武牌楼金漆彩绘振武二字灿烂夺目，和国民政府不许我国民众公开场合"说、写、印、唱""抗日"二字相对照，孙明经拍下这幅牌楼照片图2-11，似寓深意。

牌楼下可见从永定门一路向北穿过前门门洞再穿过"振武"牌楼的有轨电车，照片中还可以见到三辆正在拉活的人力黄包车。

图2-11　1937年2月西郊民巷口"振武"牌楼。

图2-11

景德街牌楼

早年间北京有个顺口溜："有桥没有水，有碑没有驮。有钟没有鼓，有庙没有佛。"说的是地处北京景德街的历代帝王庙。虽是庙，一不供佛，二不拜三清，专门供奉咱中华自三皇五帝以来五千余年间的一百多位历代著名帝王，还有历代青史留名的赫赫文臣武将。全华夏庙宇之中，这可称独份。

这庙里的建筑更是了得，仅仅景德崇圣殿里那60根金丝楠木大柱，就可称华夏无双。

1911年清朝亡，帝王庙祭祀活动不再，吏役散伙，祭器全失。曾辉煌了得的皇家庙宇从此冷冷清清了。

1925年孙中山先生在北京逝世，景德崇圣大殿内举行过纪念活动。

自此历代帝王庙再无祭祀香火……

1931年曾担任过北洋政府国务总理创办过香山慈幼院的熊希龄和著名教育家陶行知租借此庙开设慈幼院幼稚师范学校，算是让庙宇有用过一回。新中国成立后此庙则一直被北京159中学使用。

历代帝王庙前的景德街，原有明代建造的牌楼两座。

著名古建大家、新中国成立之初担任清华大学建筑系系主任的梁思成先生一再强调这两座古牌楼形式最好，结构和雕刻最精。

图2—12—2

图2—12—1　1937年2月景德街牌楼和帝王庙。
图2—12—2　景德街牌楼匾文。

图2-12-1

尽管有梁思成这样的大家捍卫，帝王庙前的两座明代古建牌楼还是因"有害交通"在1954年1月8日遭到拆除。据孙明经先生告诉笔者，梁思成先生亲口对他讲过，眼睁睁看到如此巧夺天工的古建遭此命运自己却无能力呵护，他难过伤心以至落泪数日。

自帝王庙建成，到1911年清朝灭亡，数百年间，此庙进行过六百次祭祀大礼。

一座庙宇，一双牌楼，实在故事多多。比之很多牌楼早已"尸骨无存"，景德街牌楼还算命好。

今天，有心人可以在博物馆看到景德街牌楼，今天历代帝王庙虽也修葺一新供人游览，却因古建景德街牌楼不在，庙门前再无当年景象。

照片图2-12-1中，可以看到1937年2月的历代帝王庙的正门和东西偏门及门外的景德街牌楼、庙院内建筑，还有远处白塔寺中那著名的白塔，还有庙门前熙熙攘攘的各色人等。

047

白塔寺内之白塔与白塔寺庙会

　　白塔寺本名妙应寺，寺中白塔为北京的著名古建。早在辽代寿昌二年即1096年便在辽南京城的北郊，建造一座佛塔，供奉佛舍利及香塔、佛经等佛教圣物，后来毁于战火。

　　元代至元八年即1271年，忽必烈敕令在辽塔遗址的基础上重建一座喇嘛塔。设计与建造由该时入仕元朝的尼泊尔匠师阿尼哥主持，经八年设计和施工，到至元十六年即1279年建成白塔。随即迎请佛舍利入藏塔中。同年，忽必烈又下令以塔为中心兴建一座"大圣寿万安寺"，以从塔顶射出的箭的射程确定寺院范围，面积达16万平方米，成为当时营建元大都都城的一项重大工程。寺院在至元二十五年即1288年落成，因在大都城西，又称作"西苑"。

　　从此，这里成了元朝的皇家寺院，也成为百官习仪和译印维吾尔文、蒙文佛经之所在。忽必烈去世后，白塔两侧曾建神御殿（影堂）以供祭拜，寺内香火极为旺盛。元贞元年即1295年寺院遭特大雷火，所有殿堂皆毁，唯白塔独免。明宣德八年即1433年，明宣宗敕命维修白塔。天顺元年即1457年，寺庙重建，庙成命名"妙应寺"，面积缩小只有1.3万平方米，仅元代所建寺院的中部狭长地带。明清及民国时期，寺院进行多次维修，清代中后期，僧人们将配殿和寺中空地出租，并逐渐演变为北京城著名庙会之一。到逢年过节，这里热闹非凡，北京民间形成了"八月八，走白塔"的习俗。1900年，八国联军攻占北京，洋鬼子曾闯入妙应寺抢劫，供器、法器席卷一空。1966年"文化大革命"开始后，寺内喇嘛被遣散，大门和钟鼓楼都被拆除改建为商场，寺内的其他空间被各机关单位占用，大量文物遗失损毁。直到1997年，北京市政

图2-13　白塔寺内之白塔——从南面拍摄。

图2-13

图2—14

图2—14　白塔寺内之白塔——从北面拍摄。

图2—15

府做出"打开山门,亮出白塔"的决定,拆除商场,重修山门和寺内建筑。1998年,妙应寺重新开放。寺内陈列"白塔寺珍贵文物展",展出维修白塔过程中从白塔内顶部发现的珍贵佛教文物,包括乾隆手写的经咒,一套五佛冠和缀有干余粒珍珠宝石的补衣袈裟、精雕细刻的小赤金舍利寿佛、五色哈达等质地优良、工艺奇精的珍品。今天寺内还布置了"藏传万佛造像艺术展",展出元、明、清三朝铜佛、铜鎏金佛造像近万尊,以空前的造像数量及不同的铸造地域和风格,展现博大精深的中华传统文化的神奇风韵。

图2—15　白塔寺内的庙会——庙内白塔下自西北角向东南方向拍摄。

051

段祺瑞执政府旧址门前石狮

古老的北京是一座故事满满的大城市，图2-16照片里的这一尊大石狮子见证过太多的北京故事。

这尊石狮子今天的位置在北京东城区张自忠路3号，这里原地名铁狮子胡同。

这里一度曾是民国初年十分有名的段祺瑞执政府。大清国时期这里一共有三座府第：西边和敬公主府，中间贝勒斐苏府，东边和亲王府。清代末年，两府内的大部分建筑全部拆除，重新建造了三组砖木结构的楼群：除中间主楼为古典欧式灰砖楼外，东、西、北各有一座砖楼。1912年袁世凯当了中华民国临时大总统，他的总统府和国务院就设在这里。1919年后，靳云鹏当了国务总理兼陆军总长，这里改为总理府。

1924年北洋军阀段祺瑞被推举为中华民国临时执政，把这里改成执政府。1926年3月18日，著名的3·18惨案就在此发生。为反对日本帝国主义侵犯中国主权的强盗行为，在李大钊等中国共产党人领导下，北京各界群众5000余人在天安门前集会抗议，会后结队赴段祺瑞执政府请愿。遭段祺瑞卫队开枪射杀，47人死，150多人伤，北京女师大学生刘和珍、杨德群在惨案中牺牲。

1926年4月10日，北京发生了政变，驻北京的国民军将领鹿钟麟包围临时执政府，段祺瑞逃亡，执政府垮台，冯玉祥将军接管。后来王树常任北平卫戍司令时，这里又改成北平卫戍区司令部。1937年2月孙明经拍摄这幅照片时，这里是二十九军驻北平军部及冀察政务委员会的驻地。

日军占领北平时，这里又变为以冈村宁次为首的日本华北驻屯军总司令部，东边的院子成为以喜多为首的日本特务机关兴亚院。1945年日本投降后，这里改成十一战区长官司令部和国军北平警备司令部。1949

图2—16

年中国人民大学成立,这里成为人民大学最早的校区。1978年开始主楼为清史研究所使用。

目前,北京市人民政府将这座故事多多的原段祺瑞执政府即"3·18"惨案发生地,列为北京市重点文物保护单位,北京东城区政府将其列为青少年爱国主义教育基地。

1937年2月
在北平香山拍摄的
老照片

香山慈幼院女所（女校）的艺术地毯厂

香山既是今天北京的游览名胜和佛教圣地，又是大清帝国时期著名辉煌的皇家园林和皇帝行宫所在。

静宜园既是大清帝国在京郊著名的三山五园中恢宏的皇家园林，1948年以前，却又是一所华夏5000年文明历史中罕见的学校的校园。

1917年9月河北地区发生大水灾，淹103县，19045村；受灾的百姓6351344人；遭灾的农田25万4889顷165亩4分3厘。面对巨大浩劫，熊希龄奉命督办水灾善后，见各地方灾民对幼小儿女或弃或卖，于是在北京设立了慈幼局两所，委托英敛之收养灾民儿女。一所收男，一所收女共收男女儿童千余。水灾过后，灾童大部被父母领回，余二百多灾童无人认领。为此，水灾督办处不得不设一个常设机构，收养教育这批灾童。当时，在北京城里难找合适地方容纳。时任大总统徐世昌同前清皇室内务府洽商，并得逊清隆欲太后批准，将"皇产"香山静宜园拨出，建筑慈幼院男女两所（校）。熊希龄当时想到城内外困苦儿童甚多，报上常常刊载困苦父母求生无门带着儿女投河，也有全家自杀的报道时时见报。可怜这些娃娃，生下来何罪之有，却遭此惨恶灾难。熊希龄与水灾处坐办陈汉第、罗振方商议，决定建一处大规模慈幼院，容千余穷困儿童，把城内外贫苦孩子收入一同教育。建校工程1919年2月17日动工，至年底男女校舍竣工。在工程结束之前，慈幼院聘施今墨到校主持教务，确定学科，1920年9月3日正式开学。

香山静宜园位于北京西北郊西山东麓，距京城不足40华里。全园占地约160余公顷。其主峰鬼见愁，海拔557米。据《香山永安寺记》载："香山在都城西北三十里，以山有大石如香炉，故名，盖胜境也。"

文献《篁墩集》记载："西山之刹以数百计，香山号独胜……"

《帝京景物略》记载："京师天下之观，香山寺当其首游也……"

清康熙十六年即1677年，香山行宫初成……

作为皇家园林，大规模的营造修建在乾隆年间。乾隆十二年即1747年，香

图3—1

山划作一园正式命名"静宜园"。

　　北洋军阀和国民党反动派统治时期,香山大部分风景名胜区被达官贵人或军阀巨商建成私家别墅,多处名胜一般游人不得游览。

　　1956年5月1日,在党和人民政府关怀下,规划整修,辟为实实在在的公园,名"香山公园",正式对广大游人售票开放。

　　历史上自1920年9月至1948年的近30年中,静宜园的全部设施及园地只供香山慈幼院这一所独具特色的学校专用,这所学校在我们中国教育的历史中可谓特别。

图3—1　香山慈幼院的女校学生们在曾经的皇家寝宫庭院内编织艺术地毯。
图3—2　剪羊毛的工人从绵羊身上剪下羊毛。
图3—3、图3—4　编织艺术地毯。
图3—5　将绵羊赶进剪毛场。

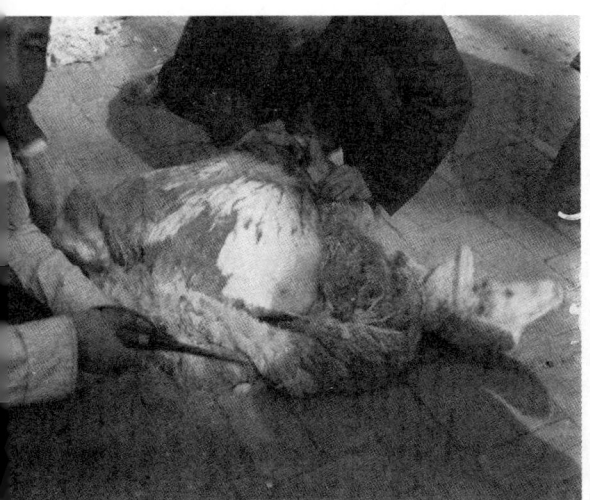

图3-2

图3-3

图3-4

图3-5

今天香山公园管理处和香山别墅所在的地方为当初香山慈幼院男所所在地。

当年女所的地址，乃大清国皇室的寝宫，名中宫，即现在香山饭店所在的地方。

今天，原男校的食堂，即现在香山别墅的餐厅；原女校的食堂，即香山饭店的餐厅……

1937年2月，孙明经考察香山慈幼院女所时，看到这些昔日的苦娃娃们，这些生活学习在前清皇家园林寝宫里的女孩子们个个文质彬彬，衣着举止谈吐得体，当年的灾童景象不存，人人成为编织艺术地毯的能工巧匠，不能不让人感叹赞美"教育改变人生"的意义……

孙明经就此拍摄成"教育电影"一部，片名《地毯工业》。

1937年2月
在北平门头沟拍摄的
驮与桥老照片

门头沟老照片——驮与桥

门头沟区地处北京西部山区，有学者研究1万年前即有"东胡林人"在此地域内繁衍生息。自周至辽地名多变，开泰元年即1012年辽改幽都县为宛平县，直到民国时期今天的门头沟地区多属宛平县辖下。明万历年间宛平县知县沈榜编著《宛署杂记》对今天门头沟地区圈门里门头村村名及有关地名作翔实记载。据此，有学者认为，历史上的"门头村"为今天门头沟地名之源。门头沟地区多山、多寺、历史遗迹多多，对于中华文化的演进，门头沟地区最重要的贡献大约要算这一地区丰富的煤炭资源与发达的煤炭开采业。

"辽三彩"在中国陶瓷史上有特殊地位。近年龙泉务辽瓷器窑遗址中出土辽代"寿昌五年"款的辽三彩瓷残片，不仅揭开辽三彩烧造地之谜，更重要的是从瓷窑火塘发现大量灰渣及未燃尽的煤核，证明门头沟地区在辽代已经有煤炭的规模开采与使用，把中国人使用煤的历史从原记载的元代提前到辽代。

鸦片战争之后，西方经济入侵，刺激国内民族工业发展。1872年，清政府在门头沟地区创办了北京第一家蒸汽动力提升的近代工业——通兴煤矿即后来的门头沟煤矿前身。

门头沟出产的煤炭，历史上千百年来一直以畜力运输供应北京城，见照片图4-1、图4-4。随着社会发展，20世纪以后北京用煤越来越多，畜力运输远远不能满足城内官民需求。为大量运输煤炭，1906年6月，清政府商部奏请"接修京张铁路支线，以兴煤业，自是应行筹办之举"。

同年7月奏请获准，确定由山海关内外铁路余利项下拨款修建。10月京张铁路总工程师詹天佑率队勘测设计京门段铁路。由碑梁、麻峪村等处绕至三家店，跨永定河至门头沟。从此有了跨门头沟段永定河的铁路桥。京门铁路大桥历时两年，1908年落成，全长216.6米，桥墩

图4-1

高7.63米（图4-2）。铁路桥面中间是轨道，两侧有固定轨道的压角钢，铁轨下排列按编组标着号码的枕木。巡道工言：枕木共747根，多为红白松。桥面两侧设人行道，照片中可以看到突出部分是专供巡道工作业或行人躲避火车使用。此桥至今使用超过百年，桥梁架上标有"1907"字样，显示大桥历史悠久，今天火车经过必须减速。每天仍有大约30列火车通过，有仅一节车厢的通勤车，也有五六十节的运煤车。北京地区最早的现代公路桥——三家店公路大桥又叫京门公路桥，早年民间称"洋灰桥"，今桥头有"水闸公路桥"碑，至2011年已使用88年。图4-5为大桥桥头碑，记载建桥缘由与历史。图4-2、图4-3为

图4-1　从门头沟煤窑往北平城里驮运煤块的骆驼。

图4-2　1937年2月跨越永定河的京门大铁桥，图左上角桥面突出部分，为巡道工和行人躲避火车的桥台，远处可见三家店公路大桥。

图4-3　1937年2月跨越永定河的三家店洋灰公路大桥局部近景，桥面可以看到驮运煤块的骆驼队过桥。

图4—2

图4—3

1937年2月孙明经拍摄的铁路桥和公路桥，可见运煤的骆驼队及行人过桥情景。公路桥建造前永定河两岸居民往来很难，水浅时踏"迈石"，涨水时渡河工具是柳条编的大笸箩，人乘笸箩在河中划行，后来有了木船。三家店历来为大渡口，明朝万历年间，西村建过一架横跨河面的季节木桥，一直沿用到民国初年，是古代西山大路的重要桥梁。

图4-4 踏着窄窄的骆驼路从门头沟运输煤块向北平城内走去的骆驼队。

图4-5 三家店水闸公路桥

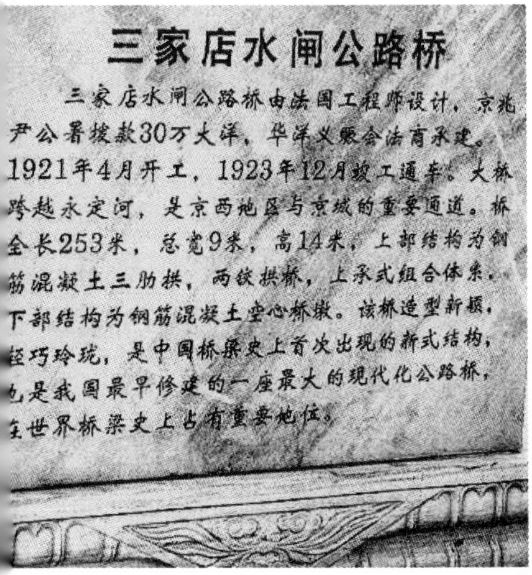

三家店水闸公路桥由法国工程师设计，京兆尹公署拨款30万大洋，华洋义赈会监督承建。1921年4月开工，1923年12月竣工通车。大桥跨越永定河，是京西地区与京城的重要通道。桥全长253米，总宽9米，高14米，上部结构为钢筋混凝土三肋拱，两铰拱桥，上承式组合体系，下部结构为钢筋混凝土空心桥墩。该桥造型新颖，轻巧玲珑，是中国桥梁史上首次出现的析式结构，也是我国最早修建的一座最大的现代化公路桥，在世界桥梁史上占有重要地位。

1937年2月
在北平门头沟拍摄的
电与煤矿老照片

门头沟老照片——电与煤矿

老北京的人说起门头沟，心里想到的那地方就是煤矿。

早在明清两代，就有"门头沟民皆市石炭为生"和"京师百万户皆仰给于西山之煤"的说法。

明成祖朱棣新建北京城那会儿，就专门建了一个阜成门，小名就叫煤门，出北京城的煤门一直朝西走就是门头沟。笔者儿时到门头沟满眼看到的除了煤就是煤矿，明清两代从门头沟运到城里的煤，都从阜成门进城。早年间对于生活在北京的无论穷人富人还是吃官饭的人们，门头沟的煤，那是一天也离不了的。

1937年2月的中国，知识分子们除了汉奸，人人心里想得最多的、嘴上说得最多的就是"救亡"。日本人抢占了东三省还不算完，整个华北也是大军压境。

要"救亡"，就必须唤起民众，政府不许宣传"救亡"，在公开场合，绝对不许说、写、印、唱"抗日"两个字。本页左边的剪报剪自当时北平的《燕京新闻》，仅一百多字的剪报中就用了七处"XX"代替"抗

图5-1 1937年中国读书人的心里,"电"代表着现代和先进,从城里去门头沟的路上,看到高压输电线路,孙明经不能不心潮澎湃。

图5-2 远眺门头沟煤矿,被远处的大山和周边的座座煤山包围。

图5-1

图5-2

图5—3

图5—4

日"二字。

中国的知识分子们创造了"中国教育电影运动",运用电影和照片来让全国民众看到我们祖国的富饶可爱,从而感到强抢我国国土的强盗们的可恶。北京1937年那会儿叫北平,是我国长江以北最大的都会,又被叫做"故都北平",北平对于咱中国人留下太多太多的故事与传奇。孙明经这次到北平,就是要拍摄一部名字叫做《故都北平》的教育电影。

当时学术界的共识是:中国人用煤的历史起始于元代,依据来自那一部很有名的《马可·波罗游记》。而马可·波罗正是在当时的元大都吃过官饭的,他笔下和心里对"那可以燃烧发出熊熊火焰的黑色石头……"的记忆与描述,应该就源自于门头沟。

为了拍摄《故都北平》,1937年2月孙明经第一次来到了门头沟。他不仅要拍摄詹天佑亲自勘测、设计、建造的中国人自己建造的第一座

图5-5

图5-6

"现代"大跨度铁路大桥——京门大桥,他更要拍摄当时让全人类得以了解"中国人早在元代就已经能用煤"的历史源头——门头沟的煤炭生产。

图5-3 身处煤山之中,满眼看到的除了煤炭就是各式各样的或宽或窄的铁轨和电线。
图5-4 在门头沟煤矿变电站看到那么多条电缆和熊熊冒烟的烟筒在同一视野当中,那一代做着强国梦的中国知识分子,谁能不由衷地开心与激动?孙明经的这幅照片记录了那个年代中国知识分子的心态。
图5-5 1937年2月的门头沟煤矿是当时中国最现代化的煤矿之一,一派热气腾腾、蒸蒸日上的景象。
图5-6 门头沟煤矿,拥有当时全中国最现代的装煤场,条条铁路与巨大的贮煤柜,给人一种中国"工业现代化"的进程已经启动的壮美感觉。

图5-7

图5-8

图5-7 巨人般的钢筋水泥井架。
图5-8 又一座巨大的钢筋水泥井架。
图5-9 巨大井架下刚刚从井下升井的煤矿工人。

图5-9

图5-10

图5-10 门头沟煤矿高大的"煤山"下,工人们正通过人力往运煤列车车厢装煤。

图5-12 门头沟煤矿工人正打开巨大的贮煤柜的放煤闸门,煤自动流进运煤列车车厢内。

图5—11

图5—12

图5—11 1937年2月，当时门头沟煤矿产量较大，除用火车外运，还需畜力和人力外运，这座高架天桥"越过"火车运煤场，将煤倾倒在畜力及人力装煤场地供畜力和人力装煤外运。

图5—13

图5—13　年轻的孙明经站在高高的运煤高架桥上留影，他的身后可以看到大山以及散居的民房。

图5-14

图5-15

图5-14 站在高高的运煤天桥上，可见远处另一个煤矿的贮煤场的煤堆积如山，还可见一片片各式房屋与民居。

图5-15 孙明经是到门头沟来拍摄国情调查教育电影的，他手提柯达A型便携式16毫米电影摄影机在矿区自拍留影。

图5—16

图5—16　井架下，矿工正在向外推刚刚从井下升井的两辆运煤翻斗车。
图5—17　煤矿最怕的有三样——一怕塌方；二怕漏水；三怕瓦斯。三样当中最怕的就是瓦斯，瓦斯不仅能毒死人，还能爆炸，照片里是当年门头沟煤矿的瓦斯防治人员。
图5—18　这一位是当年门头沟瓦斯防治人员的领袖。

图5-17

图5-18

077

图5-19

图5-19 1937年2月,孙明经在门头沟赶上了当地的庙会,门头沟庙会上享受头等待遇的神仙,是窑神爷和煤仙娘娘。

图5-20 但愿这幅拍摄于77年前的照片里的那一棵大树还在,它见证过门头沟的庙会,也见证过孙明经的到访……

图5—20

1937年2月
在北平拍摄的北平鸭
老照片

在北平拍摄的北平鸭老照片

今天跟着旅游团到北京旅游的游客，很多人都会记住导游说过的一句话："不到长城非好汉，不吃烤鸭真遗憾……"导游所说的烤鸭即著名的"北京烤鸭"，以北京鸭为原料。北京鸭属肉用型鸭种，不仅体形硕大、丰满美观，而且肉质鲜美、肥嫩多汁。体躯呈长方；通身羽毛丰满，色纯白且有奶油光泽；喙橙黄，蹼豆肉粉色；胫、蹼橙黄或橘红色；饲养主要采用填鸭方式喂养。在禽类中属鸟纲雁形目鸭科动物。今天有学者研究认为北京鸭由绿头鸭驯化而来，育成的历史，大约已有300多年。成年鸭体重：大约公鸭3500～4000克，母鸭3000～3500克。填鸭屠宰出肉率：半净膛，大约公鸭80.6%，母鸭81.0%；全净膛，公鸭73.8%，母鸭74.1%。开产日龄160～170天，年产蛋一般200～240个，蛋重85～92克，蛋壳奶白色。

关于北京鸭的来历，今天有学者认为原产地北京西郊玉泉山一带。1937年2月，孙明经到北京拍摄国情调查教育电影时，领导和主持中国教育电影协会工作。1917年至1927年前后曾任北京大学校长近十年的蔡元培先生及弟子——1918年考入北京大学法科的郭有守先生，安排孙明经与"北平扑鸭研究社"合作拍摄该电影，片名《北平鸭》。今天的北京在隋代和后来的1928年至1949年曾用名北平，今天的北京鸭，当时名叫北平鸭。

"北平扑鸭研究社"的学者向孙明经讲述：据说北平鸭可能起源明代江苏山东境内生活在河泽中的一种野生小白鸭。1368年阴历七月，元顺帝弃元大都逃走。8月徐达攻入城中，改大都为北平府。永乐元年(1403年)，朱棣改北平府为北京。为迁都北京，朱棣新建北京城，大量通过运河南粮北运，1418年的漕运数量已达到四百六十万石之巨，运粮船队过境江苏山东境内运河河段时，常有野生小白鸭成群落在运粮船队上偷吃粮食，押运军卒们在船上大多数时间闲得无事，于是有军卒发明捕捉小白鸭取乐，捉到的野鸭可成佐食美味。渐渐小白鸭抓得多了，有好事军卒便将一时吃剩下的小白鸭养在船上，以消磨漫漫旅途。在运粮过程中，居然有养在船上的小白鸭产蛋，这使得运粮军卒们大觉有趣。本来漕船运粮运程漫长，船行缓慢，生活单调乏味，自从小白鸭在船上产蛋，押运军卒们有了新的游戏。一路上有鸭肉鸭蛋相伴，行程中改善了伙食，又有了消磨时间的游戏，于是抓捕和养殖小白鸭，渐渐成为押运运粮漕船军卒们的一种生活内容。运粮船上有吃不完的粮食，饲养在船上的小白鸭越养越肥。后来有军卒闲得没事找事，把没吃完的剩米饭揉成小团，小白鸭明明已经吃饱，闲得难受的军卒为消磨时间，一团一团地把剩饭团塞进小白鸭的嘴里，然后用手捋着鸭子的脖子，把饭团捋进鸭子的胃里。本以为鸭子会消化不了撑死，不想鸭子不仅没事一样，消化力极强，反而个头越长越大肉肥味美。于是，军卒们没事找事用给小白鸭肚子里填塞剩饭和粮食，作为押运途中新的消磨时间的游戏。日子长了，这种消化吸收能力超强的小白鸭天天多吃少动，体形也渐渐硕大丰满，肉质也愈发鲜美而且肥嫩多汁起来，不仅失去飞行能力，也成为一种适应"填塞"进食的特殊鸭种。随着时间推移，这种押运粮船军卒们"游戏"出来的特殊鸭种，在运粮船队最后停靠卸载的北京从通州到昌平的"通惠河"沿途河段，零零星星传入民间养殖。

　　孙明经在当时的北平拍摄电影《北平鸭》期间，"北平扑鸭研究社"有专门的育雏基地，也有"科学喂养"方面的研究。当时的北平已有北平鸭的规模养殖，但规模不大，多为民间小本经营，并没有今天这样的规模和产量。当时的北平鸭，也无今天"北京鸭"这般的赫赫名气……

1937年2月在北平拍摄的北平鸭老照片

图6-1   图6-2-1

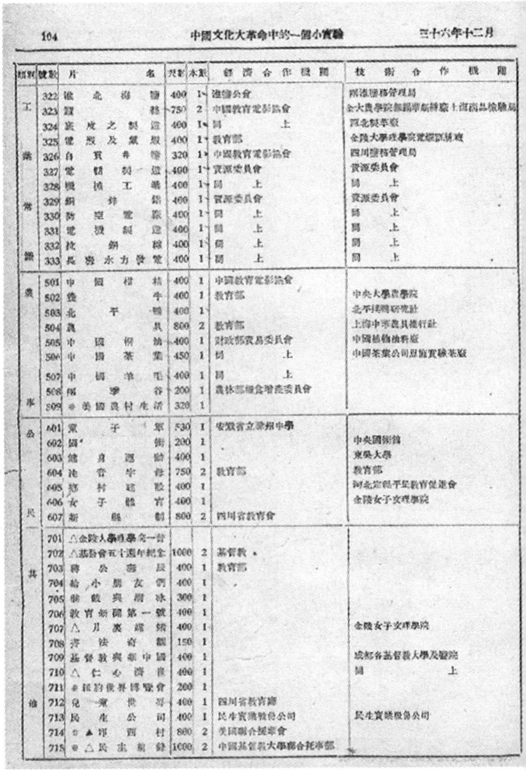

图6-2-2

图6-1和、图6-2-1和图6-2-2　1947年12月出版孙明经主编的《电影与播音》月刊104页刊载孙明经拍摄和主持拍摄的电影目录中第503页为《北平鸭》，在"技术合作机关"栏目中可见该片合作机关为"北平扑鸭研究社"。

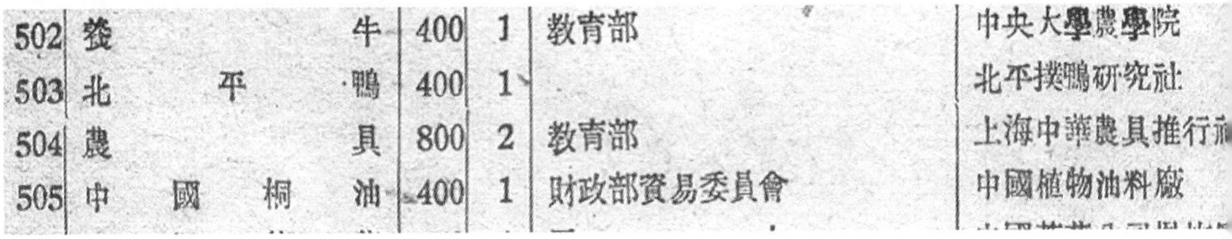

小京流影

BEIJING LIUYING

孙明经眼中的老北京

图6-3

图6-3　1937年2月，在"北平扑鸭研究社"学者带领下，孙明经来到北平城东便门外护城河与通惠河相交汇处河畔的北平鸭养殖场，这让孙明经感到好奇，明明是在"北平鸭"的养殖场里，为什么会看到很多抱窝母鸡在孵化？

图6-4　北平鸭养殖场饲养人员在镜头前，向孙明经展示抱窝母鸡孵化出的刚刚出壳、浑身湿漉漉的鸭雏和破开的鸭蛋蛋壳，抱窝母鸡也在一旁好奇地观看鸭雏与蛋壳。

图6-5　每格一个的灰瓦花盆里由抱窝母鸡孵化刚刚出壳的北平鸭幼雏和蛋壳。

图6-4

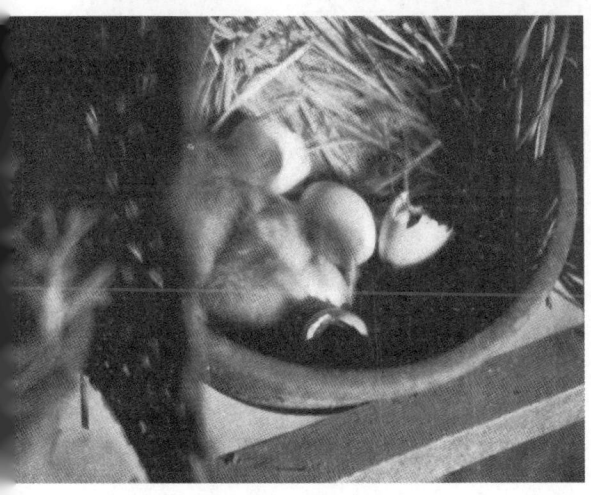

图6-5

图6-6

图6-6 看到明明有可以大量孵化的电孵化箱，孙明经更好奇为何还会大量使用抱窝母鸡来孵化北平鸭？

图6—7

图6-8

图6-9

图6-10

图6-7 北平扑鸭研究社的学者在北平鸭养殖场为幼鸭调配饲料，照片中可看到饲料原料种类多样，不同日龄的北平鸭分栏饲养，还可看到多种盛放不同大小北平鸭的鸭笼及盛放不同饲料的或桶或盆或箩筐。照片中可见这位"饲养者"身穿白衬衫、细毛毛衣、西式工装裤。

图6-8 北平扑鸭研究社研究人员用北平鸭鸭粪养殖出一种全身奶白的菌类，开始叫"鸭粪菇"，后有学者起名"雅菇"或"奋菇"，做羹烧菜煲汤味道极为鲜美，成为"全鸭宴"中难得的美味。

图6-9 新建的雅菇养殖床上，雅菇陆续长出。养殖雅菇需要适当温度和湿度。

图6-10 由于雅菇味美，烧菜做羹煲汤皆为上品，北平扑鸭研究社的北平鸭养殖场在孙明经到访时刚刚新建了一批预备养殖"鸭粪菇"的培养床。

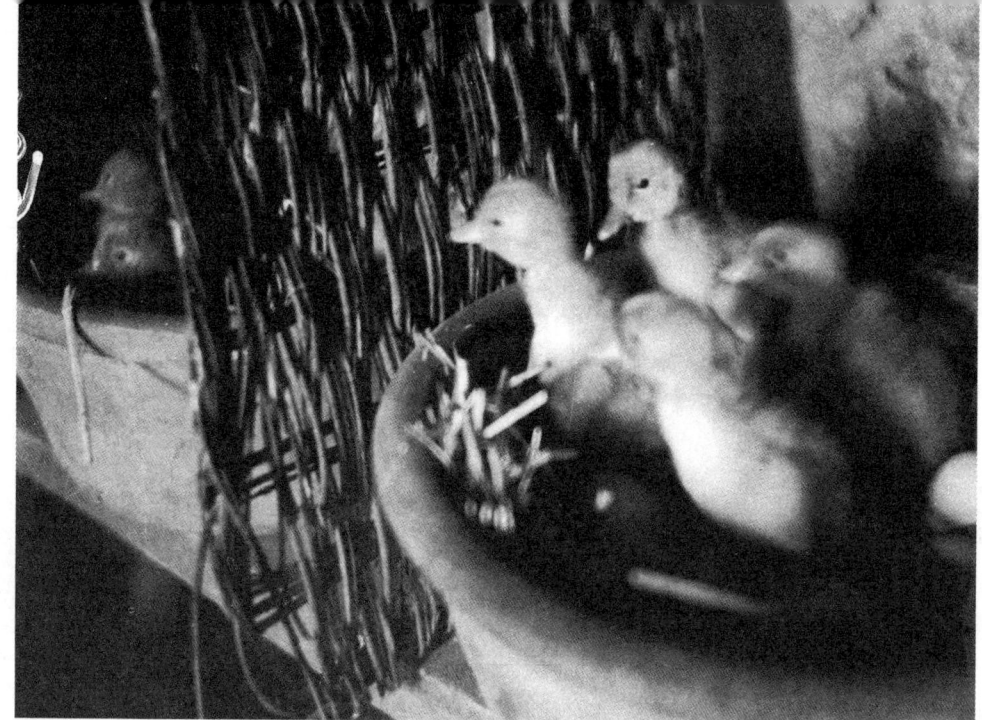

图6—11

图6—12

图6-13

图6-11 刚刚由抱窝母鸡孵化出的雏鸭,一盆一盆地在各自被孵化出的灰瓦花盆中被喂养。

图6-12 雏鸭在灰瓦花盆中长大一些后被集体迁移至用生长在运河两岸的蒲草编织的大笸箩内喂养。

图6-13 出壳5周后的北平鸭集体迁入新的围栏中喂养。

图6-14

图6-14　随着幼鸭一天天长大，喂养的环境也随之变化。按不同日龄分栏喂养，是北平扑鸭研究社对北平鸭饲养研究的一项重要成果与贡献。

图6-15　达到育肥期的北平鸭，享受着较多空间和活动范围。

图6-16　即使隆冬季节自然水面冻成厚厚的冰面，在饲养场内，饲养人员也会人工使用压水井提水灌进人工水池，供种鸭们游戏……照片中，不仅可以看到饲养人员正在为种鸭们人工压水，还可看到一个有趣的小娃娃。

图6-15

图6-16

图6—17

图6—17 照片中不仅可以看到与北平鸭为伴的娃娃,还可看到不同日龄的北平鸭分栏饲养的状况。

图6—18 以北平鸭为伴的娃娃,北平鸭就是他或她幼年成长的伙伴。照片同时记载了1937年2月北平扑鸭研究社北平鸭饲养场按日龄分栏喂养的环境。

图6-18

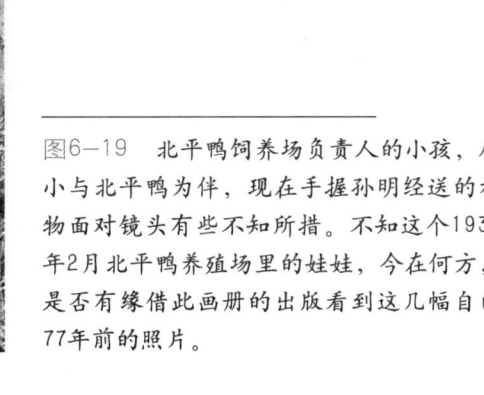

图6-19 北平鸭饲养场负责人的小孩,从小与北平鸭为伴,现在手握孙明经送的礼物面对镜头有些不知所措。不知这个1937年2月北平鸭养殖场里的娃娃,今在何方,是否有缘借此画册的出版看到这几幅自己77年前的照片。

图6-20

图6-20　一只白鸽落在了育肥期北平鸭的围栏内,孙明经看到这些即将进入"果木明火挂炉"的北平鸭和那只可以自由飞翔蓝天的白鸽同栏踱步,联想到故都城外永定河对岸磨刀霍霍的东洋武士,身负唤起民众之"救亡使命",手握摄影机的热血青年不能不产生无限联想与感慨。

1937年6月
在北平拍摄的
老照片

再赴北平拍摄的老照片

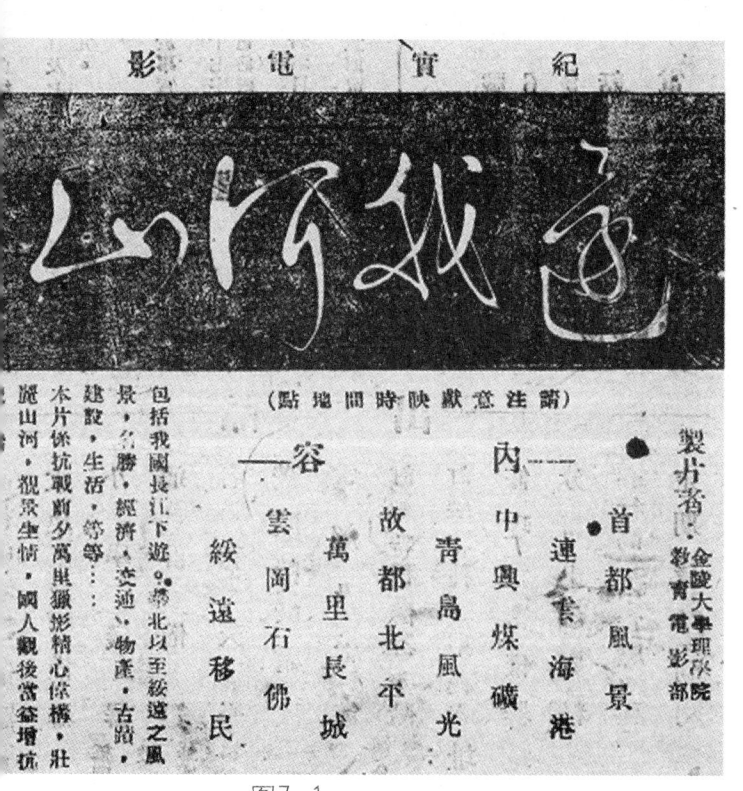

图7-1

图7-2

　　孙明经1937年2月北平考察拍摄告一段落后，3月赶赴河北定县，考察拍摄了大教育家晏阳初在定县进行了十年的"乡村建设试验"成果，接着马不停蹄赶回他任职的南京金陵大学。

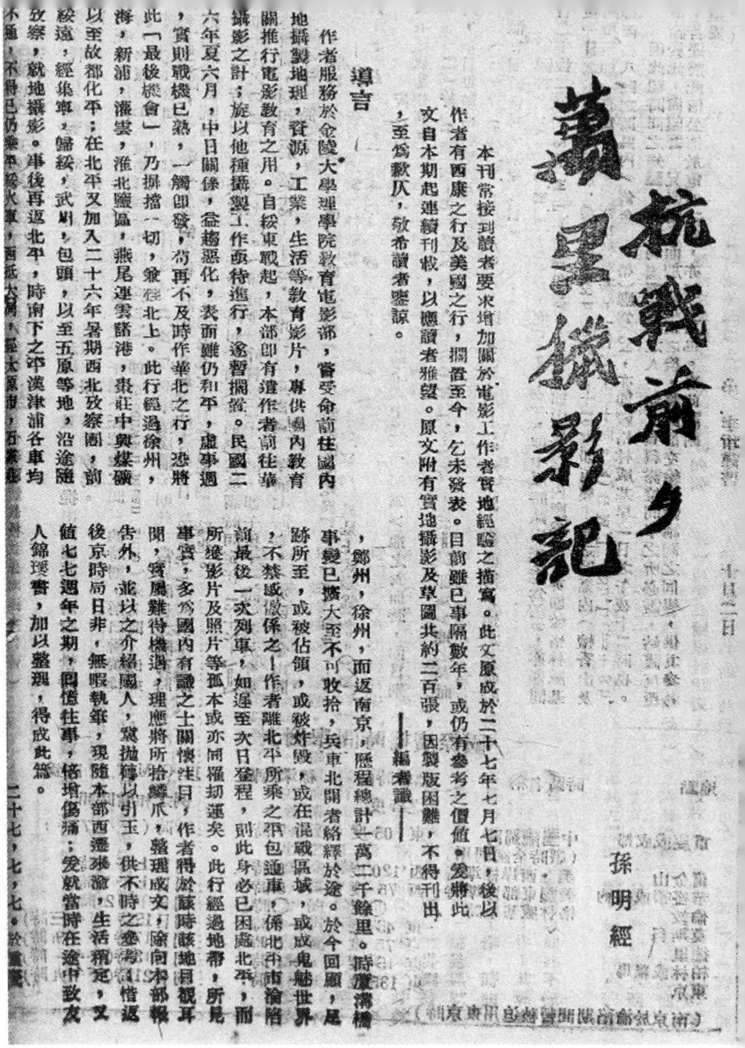

抗戰前夕萬里獵影記

孫明經

本刊常接到讀者要求增加關於電影工作者實地經驗之描寫。此文原成於二十七年七月七日，後以作者有西康之行及美國之行，擱置至今，乞未發表。目前雖已事隔數年，或仍有參考之價值。爰將此文自本期起連續刊載，以應讀者雅望。原文附有實地攝影及說圖共約二百張，因製版困難，不得刊出，至爲歉仄，敬希讀者鑒諒。

——編者識——

導言

作者服務於金陵大學理學院教育電影部，嘗受命前往國內各地攝製地理，資源，工業，生活等教育影片，專供國內教育機關推行電影教育之用。自綏東戰起，本部即有遣作者前往華北攝影之計；旋以他種攝製工作亟待進行，遂暫擱置。民國二十六年夏六月，中日關係，益趨惡化，表面雖仍和平，處事遇事，實則戰機已熟，一觸即發，苟再不及時作華北之行，恐將失此「最後機會」，乃摒擋一切，兼程北上。此行經過徐州，東海，新浦，灌雲，淮北鹽區，燕尾港，棗莊中興煤礦以至故都北平；在北平又加入二十六年暑期西北考察團，前往綏遠，經集寧，歸綏，武川，包頭，以至五原等地，沿途隨團考察，就地攝影。事後再返北平，時南下之平漢津浦各車均不通，不得已仍乘平綏火車，西抵大同，經太原，石家莊，鄭州，徐州，而返南京，歷程總計一萬二千餘里。時盧溝橋事變已擴大至不可收拾，兵車北開者絡繹於途。於今回顧，足跡所至，或被佔領，或被炸毀，或在混戰區域，或成鬼魅世界，不禁感慨係之！作者離北平所乘之平包通車，係北平市淪陷前最後一次列車，如遲至次日登程，則此身必已困處北平，而所攝影片及照片等孤本或亦同罹劫運矣。此行經過地帶，所見事實，多爲國內有識之士關懷注目，作者得於該時該地目視耳聞，實屬難得機遇，理應將所拾鱗爪，整理成文，除向本部報告外，並以之介紹國人，冀拋磚以引玉，供不時之參考。惜返京後時局日非，無暇執筆，現隨本部西遷來渝，生活稍定，又值七七週年之期，回憶往事，倍增傷痛；爰就當時在途中致友人錦瑛書，加以整理，得成此篇。

二十七，七，七，於重慶

图7—3

经过休整，接受蔡元培、郭有守、陈裕光、魏学仁诸恩师的派遣，更加紧张地筹备后，6月初，又从南京出发北上。

经苏北、山东、河北一路考察拍摄，6月下旬到达北平，参加以“红色历史学家”顾颉刚为团长的“民国二十六年暑期西北考察团”，拍摄了考察团在中南海怀仁堂誓师出发，及乘京张铁路列车一路西行对南口、青龙桥、居庸外镇、八达岭、康庄一线的考察。

此次考察拍摄的成果，除完成国情调查教育电影七部外，还有沿途所拍纪实照片五百余幅以及专著《抗战前夕万里猎影记》一部。

抗日战争期间，为唤起同胞抗战情绪，孙明经将这七部电影加上《首都风光》一共八部教育影片合编成一部纪实电影《还我河山》在大后方广泛放映。

图7—1为刊载在1942年12月15日出版的《电影与播音》月刊封底的该电影广告。广告中可看到的《故都北平》和《万里长城》两片，为1937年2月和6月在北平考察时所拍摄。

记录1937年6月孙明经再赴北平等地考察拍摄《抗战前夕万里猎影记》的书稿1938年7月7日完成整理于重庆求精中学校园。由于当时无出版条件，孙明经1943年11月开始在自己主编的《电影与播音》月刊逐期长篇连载，图7—2为开始连载《抗战前夕万里猎影记》一书的《电影与播音》月刊封面。

图7—3为连载孙明经《抗战前夕万里猎影记》一书的开篇“导言”，其中可见此书内容与“北平”的关系。

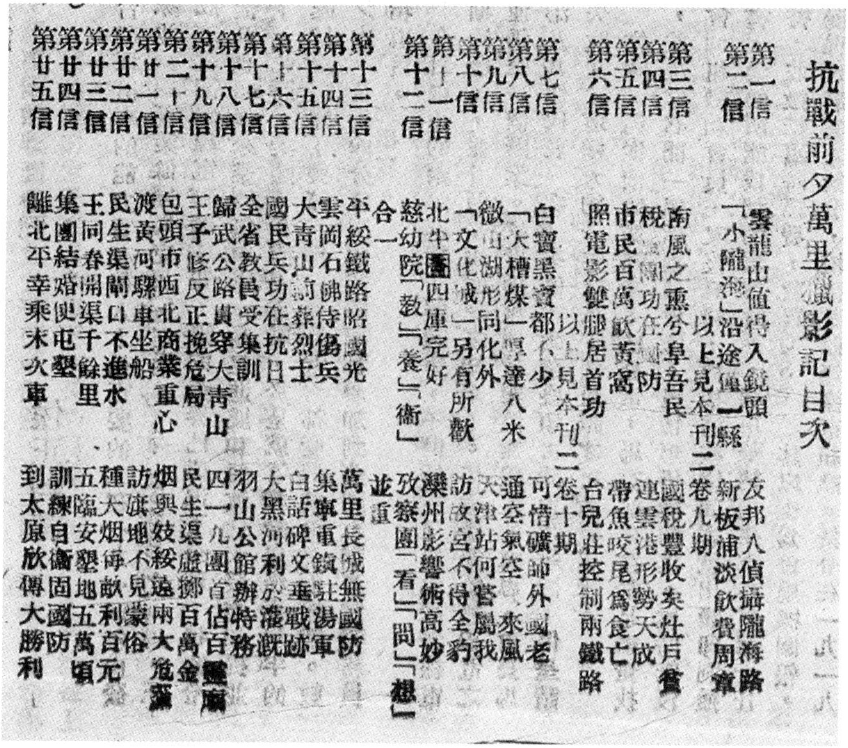

图7-4

图7-4为连载在《影音月刊》上的《抗战前夕万里猎影记目次》，该目次中可见：

"第十信："文化城"另有所欢访故宫不得全豹""第十一信：北平图书馆四库完好滦州影艺术高妙""第十二信：慈幼院'教''养''卫'合一考察团'看''问''想'并重""第十三信：平绥铁路昭国光万里长城无国防"。

这四章记录的都是孙明经1937年2月和6月在北平考察拍摄时的见闻。

以下是经历过"文革"灾难后幸存的1937年6月孙明经再次到北平考察拍摄时所拍摄的几十幅照片：

图7-5

中国有三座著名九龙壁:规模最大、历史最久的,在山西省大同市内,为辽代所建;

若讲建筑最精、构图最美,那就在北京城的古典园林北海北岸,即北海九龙壁。

该壁面阔25.86米,高6.65米,厚1.42米。体魄巨大精美,壁上嵌山石、海水、流云、日出及明月图案,底座为青白玉石台基,上有绿琉璃须弥座,座上的壁面前后两面各有9条形态各异、奔腾在云雾波涛中的蛟龙浮雕,龙体体态矫健,龙爪雄劲有力,形象生动,栩栩如生。壁东面为江崖海水、旭日东升流云纹饰;西面为江崖海水、明月当空流云图像;壁顶为琉璃筒瓦大脊庑殿顶,

图7-6

大脊上饰黄琉璃流云飞龙纹。全建筑共用424块预制七色琉璃砖砌筑而成,色彩斑斓绚丽。

　　北海九龙壁为清代乾隆年间公元1756年所建,为研究清代琉璃结构建筑的宝贵实物史料。照片图7-5为孙明经1937年6月拍摄的北海九龙壁局部,当时壁面琉璃彩砖之间可见的明显的白色缝隙今天已经看不见了。

　　第三座,在故宫宁寿门前。

　　北海的水面中间有琼华岛,简称琼岛,岛上建高大白塔,民间称"白塔山"。岛高32.3米,岛周长913米。琼华指华丽美玉,此命名宣示该岛若美玉建成的仙境神岛。神话传说中,琼华是琼树之花(华

图7-7

即花），长在蓬莱仙岛，人吃了可长生不老，以示该岛是仿瑶池仙境而建。清初，山顶设置信炮台，由八旗军驻守，居高临下极目四方。

图7-6是孙明经1937年6月下旬拍摄的北海水面和琼岛。

图7-7是1937年6月孙明经拍摄的团城大玉海及琉璃亭。元至元二年即公元1265年，忽必烈为大宴群臣犒赏将士，令数十工匠开采南阳渎山整体巨大玉料，玉匠们因材施艺、量料构思、精雕细刻制出这个渎山大玉海作为酒瓮。大玉海色墨绿中带白色花纹，周身雕刻海水江崖及海龙、海马、海猪，重3500千克，高0.7米，口径1.75、1.82米，最大周长4.93米，膛深0.55米，可贮酒近三千市斤，摆放在琼华岛万岁山上的广寒殿中。明万历七年端阳，广寒殿倒塌，大玉海及底座被运出。几经辗转，流落西华门外真武庙内。庙内道士不知

图7-8

玉海为何物,当成腌菜大缸使用。乾隆年间被皇帝意外发现,命工匠将其修缮,搬运到北海团城承光殿前,并建造琉璃亭安放,亭柱上刻有众大臣赞美的章句,只是原玉海底座依然留在真武庙中。今天的团城大玉海和琉璃亭依在当年乾隆皇帝钦定的原来位置,只是四周已用钢化玻璃做了一个罩子。孙明经拍摄照片图7-7时,还可以伸手抚摸大玉海,今天就不行了。

1937年6月,孙明经拍摄的紫禁城午门的城墙上,依然可见"国立历史博物馆"七个大字。不同之处在于2月拍摄时,照片中可见门前广场上有雪,而6月的午门广场,照片图7-8中我们却能看到半人高的蒿草。

图7-9

这样遍地蒿草的景象，是今天到午门游玩的人们绝对看不到的。

不管今天您对"金銮殿"三个字如何理解或想象，您是否会想到金銮殿前曾是一片杂草丛生的景象呢？1937年6月，孙明经用他的镜头图7-9为我们留下了"金銮殿"前一片杂草丛生的"曾经就是这般的模样"。

再说说中和殿、保和殿吧。中和殿（图7-10）是故宫外朝三大殿之一，位于太和殿与保和殿之间，始建于明永乐十八年即1420年，明初叫华盖殿。嘉靖朝遭火灾，重修改名中极殿。清顺治元年清皇室入主紫禁城，第二年改中极殿为中和殿。取《礼记·中庸》："中也者，天下之本也；和也者，天下之道也。"明清两代，太和殿举行各种大典前，皇帝先在中和殿小憩，并接受执事官员的朝拜。凡遇皇帝亲祭，如祭天坛、地坛，皇帝于前一日在中和殿阅视祝文，祭先农坛举行亲耕仪式前，要在此殿查验种子和农具。皇太后上徽号，皇帝在此阅视奏书。玉牒告成，恭进中和殿呈御览，同时举行隆重存放仪式。保和殿（图

103

图7-10

7-10）明清两代用途不同。明代大典前皇帝常在此更衣，册立皇后、太子时，皇帝在此殿受贺。清代每年除夕、正月十五，皇帝在保和殿赐宴外藩、王公及一、二品大臣，场面十分壮观。赐额驸之父、有官职家属宴及每科殿试等均于保和殿举行。每岁终，宗人府、吏部在保和殿填写宗室满、蒙、汉军以及各省汉职外藩世职黄册。1646年即清顺治三年至十三年即1656年，顺治帝福临曾居住保和殿，时称"位育宫"，大婚亦在此举行。康熙自即位至八年即1669年亦居保和殿，时称"清宁宫"。二帝居保和殿时，皆以暂居而改殿名。清代殿试自乾隆年始在此殿举行，也就是皇帝亲自面见状元等前三名。

当年如此了得的两座宫殿前，1937年6月在孙明经镜头图7-10的记录中也是"遍生杂草"。

孙明经1937年6月拍摄的乾清宫（图7-11），乃后三宫诸建筑规

104

图7-11

模之首，始建于明代永乐十八年即1420年。明清两代曾多次被焚毁重建，现有建筑为1798年即清代嘉庆三年重建。黄琉璃瓦重檐庑殿顶，坐落单层汉白玉石台基上，连廊面阔9间，进深5间，建筑面积1400平方米，台面至正脊高20余米，檐角置脊兽9尊，檐下上层单翘双昂七踩斗，下层单翘单昂五踩斗，饰金龙和玺彩画，三交六菱花隔扇门窗。殿内明间、东西次间相通，屏前设宝座，宝座上方悬"正大光明"匾。东西两梢间为暖阁，后檐设仙楼，两尽间为穿堂，可通交泰殿、坤宁宫。殿内铺墁金砖。殿前宽敞的月台上，左右分别有铜龟、铜鹤、日晷、嘉量，前设鎏金香炉，正中出丹陛，接高台甬路与乾清门相连。乾清宫为明代皇帝的寝宫，自朱棣至崇祯皇帝朱由检，14位皇帝在此居住。由于殿高大，殿内空间过于宽敞，皇帝居住时曾分隔成多室。据载，明代乾清宫有暖阁9间，分上下两层，共置床27张，后妃们得以进御。由于室多床多，皇帝每晚就寝之处很少有人知道，以防不测。

图7-12

　　1937年6月29日，"民国二十六年（1937年）暑期西北考察团"应当时北平市长秦德纯安排，在中南海怀仁堂内举办出发誓师大会。当时怀仁堂为北平市政府大礼堂兼大宴会厅，装修得金碧辉煌。孙明经作为考察团成员参加大会，为金碧辉煌的"怀仁堂"匾额拍摄了这幅照片（图7-12）。可惜这批底片在"文革"中遭受劫难，这幅底片受潮发霉，结果本来金碧辉煌的匾额照片，成为现在这样。

图7-13

  1937年西北暑期考察团全体成员在辉煌的怀仁堂举办出发誓师大会（图7-13）。1937年西北暑期考察团是包括燕京大学、北平研究院、通俗读物编刊社、河北移民协会等学术机构的团体组织，团长顾颉刚，副团长段承泽。

  这位副团长段承泽先生算得上民国时期一位奇人。他是河北定县人，自幼从军，居然打仗打成了陆军中将，从一个基层士兵一直当到师长、副军长、代理军长。只缘率部泰安驻军期间，得知了武训以一个乞丐的身份居然创办学校感动一方教人无数。段将军深为感动，于是放弃高官，倾其家产，创办灾民教育，自称"武训第三"……后来抗日战起，他再披战袍，死于操劳，死后被称为"荣军之父"。1937年，段承泽到北平号召大学教师、大学生以及实业家考察西北，为西北的开发贡献出知识与力量。终于组成119人的考察团，其中大、中学教师35人，大、中学生58人，公务员15人，实业家6人，自由职业者4人。

图7-14

图7-13中,在誓师招待会上,段承泽副团长(图中桌左边穿白色长袍站立者)慷慨致词。

　　考察团誓师招待会上,当时北平市最高军政长官二十九军副军长兼北平市市长秦德纯(站立者,见图7-15)为考察团出征致欢送辞。秦德纯市长也是一位民国时期的奇人。他是山东沂水人,字绍文,从陆军小学、陆军中学,到陆军大学毕业,作为军人从见习排长一直当到师长、军长、兵役部次长(副部长)、军令部次长(副部长)、国防部次长(副部长),从少尉军官一直当到上将……从政方面,当过

图7-15

教育处长、市长、省主席、省长……他既有1935年6月,与日军代表土肥原贤二订立丧权辱国之《秦土协定》,致察哈尔省主权大部丧失之过;又有1937年7月7日率二十九军英勇抗战,率部打响全面抗战的赫赫战功。

图7-16中,秦德纯市长举杯为考察团西征壮行。孙明经先生对于这杯中之"物"曾对笔者有过描述:中南海范围内,早年留有冰窖。隆冬季节将海中水面所结之冰裁成三尺见方冰块,存入窖中;夏日炎炎季节,窖中之冰,既可搬

图7-16

入屋内为居室降温,又可将食物饮料放置冰窖成为冷食冷饮。中南海范围内,早年留有皇家夏日海面生长荷叶莲子加入北京特产小枣、绿豆慢火煮成荷叶莲子绿豆小枣汤,将此汤置于冰窖中,成为冷饮,尤其在夏日炎炎中饮用倍感爽快且清香解暑。秦德纯29日此一举杯,仅过8天,7月7日,他对所率二十九军下达对进犯日军坚决回击的命令!全面抗战的大幕拉开。

图7—17

  1937年6月29日,距7月7日全面抗日战争爆发仅仅还有8天。当秦德纯市长向所有第二天即要启程西征的考察团员举起手中的冰镇"荷叶莲子小枣绿豆汤"时,当几乎全体考察团员都急忙站起时,孙明经的镜头记录下了两位年轻人稳稳地坐在自己的椅子上,对于这位当时北平最高军政长官的举杯表示"不屑一顾"(图7—17)。孙明经先生告诉笔者,拍摄这幅照片后,他向这两位对秦市长表示不敬的年轻学者请教为何如此,得到的结果是,这两位北大学子曾参加"一二·九"运动,作为"一二·九"运动的积极参加者,两位北大学子不满秦德纯在"一二·九"运动中的表现。

图7-18

　　孙明经老师晚年面对1937年6月29日在中南海怀仁堂拍摄的照片，很感慨地讲了一段话："这一次拍摄照片，有两个结果是自己当时没有想到的。一个是无意间会在那样一种场合拍摄到'一二·九'运动的积极参加者。另一个是，当时的怀仁堂和今天的怀仁堂比较，已经发生了天翻地覆的改变。"

　　笔者编纂这本图册编到怀仁堂这一组照片时，看到照片上的那块"怀仁堂"的匾额，也有些许感慨：当年的怀仁堂（图7-18），的确令今人有一种"今非昔比"的感觉。

　　1937年6月29日怀仁堂出征誓师招待会结束，学者二人气宇昂扬地在怀仁堂外的院内留影（图7-19）。非常遗憾孙明经老师未在该底片袋上留下二位学者的名号。

　　孙明经老师也未在这位表情充满自信的学者的底片（图7-20）上留下名号。但从怀仁堂内的照片看，这位学者坐在北平最高军政长官秦德纯右侧第一个位置，应该是当时颇有地位的一位学者；他胸前别有"西北考察团"圆形骆驼图案的徽章，据此判断，他应该是考察团的一位负责人。参加此次誓师招待会的众多学者，仅他一人手提大公文包，不知此包中为何物。

图7-20

图7-19

图7-21

　　考察团出征誓师招待会结束后考察团副团长（左）段承泽胸佩考察团徽章与北平市长秦德纯（中）等人在怀仁堂外合影留念（图7-21）。照片中右侧的女士，孙明经老师在底片袋上标注"北大李小姐"，她胸前也佩戴考察团徽章。在西行后孙明经老师拍摄的照片中，她多次出现，除此，编者对她一无所知。照片中的段承泽和秦德纯，后来一个当了陆军中将，一个当了陆军上将，当初中原大战，二将都是冯玉祥将军麾下反蒋的骁将。6月29日拍过此照片，从此一别，8天后七七事变爆发，秦德纯率二十九军奋力抗日杀敌，段承泽在著名的五原操练民兵……孙明经7月底南下返回南京，在各位恩师的推动

图7-22

下,积极宣传抗日救亡。对照片中的李小姐笔者几经查找未能知晓她此后的命运。

怀仁堂内的考察团誓师招待会结束后,考察团成员们在怀仁堂外和北平市长秦德纯合影告别。从照片中看,除秦德纯外,凡照片中看得到胸部的都佩戴考察团徽章。从当时北平的老报纸上和孙明经老师本人的记载看,考察团全团共计119人,但这幅照片(图7-22)上,一再点数,连秦德纯本人仅50人。这幅

图7-23

照片中，也可以看到"北大李小姐"依旧站在秦德纯将军的身边。

1937年6月30日早六点，考察团在前门火车站集体登上火车绕北平半圈后从西直门火车站向西北方向驶去。列车在南口火车站停留，当时向西北行驶的火车，必须在南口火车站更换大马力的火车头方可继续北上西去。

图7-23，是列车驶出南口车站后孙明经站在列车最前面持相机拍摄的。这一段铁路名叫京张铁路，是詹天佑设计施工的。因为沿途坡度很大，火车西去首先要用超大马力的火车头从后面推行。其次，以

图7-24

防因坡陡列车一下上不去，在坡路中途倒退，詹天佑专门设计了"人"字路：凡遇到倒退的列车，将车引进"人"字路段，使倒退列车倒入"人"字路后获得势能，再行爬坡时，即可一冲而上。这种设计，在当时积贫积弱的中国，被中国读书人引以为傲。照片中可以看到从山下开始一条路基向画面右边逐步抬高，这便是詹天佑设计的一条"人"字路。孙明经站在列车最前头拍摄这幅照片，记录了那个时代中国读书人以京张铁路"人"字路而自豪的心态。

图7—25

图7—25 站在列车的前端,看到天上乱云翻滚,远处山上的古老长城恰成一个"人"字,詹天佑设计修筑的"人"字路口就在面前。孙明经按下快门拍摄了这幅在古老的国防线上,长城组成的人字和现代的铁路组成的人字上下相契,寓意面对强敌,国人人人参加国防……

图7—26

图7—26　南口附近山口，铁路在此穿越长城。还有毛驴和天上的乱云翻滚。

图7—27

图7—27　1937年全中国最大的火车头和驾驶它的司机。全国范围仅南口至康庄二十多公里铁路能承受这个火车头巨大的车身重量——若细看车身上醒目的警告牌会觉得颇为有趣。面对如此庞然大物，不能不令人感叹唏嘘。

图7—28

图7—28　照片中右边的火车头就是那巨大的车头，当时从北平西去的列车，必须在南口火车站更换火车头才能继续西去，因为铁路从南口往西坡度步步高升，这一段铁路的"坡比"当时为世界之冠！

图7-23

图7-30

　　1937年6月30日,孙明经站在西行的列车最前头拍摄的京张铁路与长城(图7-24)——京张铁路在当时中国读书人的心中体现现代与先进;古老的长城则代表中华民族的巨大创造力和国防意志。

　　1937年从北平去长城,最方便的交通就是乘坐火车在青龙桥火车站下车。考察团所乘列车到达青龙桥车站时,孙明经拍摄了这幅照片图7-29。照片中可以看到车站后面的山上,长城城体完好。照片中,还可以看到车站左边的詹天佑全身塑像(图7-30)……两名荷枪实弹背负著名的二十九军大刀的士兵在站台上或站或巡,体现了那年月、那时代。

图7-31

对于孙明经那一代中国知识分子们讲,詹天佑既是一位顶天立地的民族英雄,又是榜样。

詹天佑出生于1861年3月17日,1919年4月24日逝世,享年仅58岁。字眷诚,号达朝,汉族,广东南海人,他是中国首位杰出的爱国铁路工程师,京张铁路(北京——张家口)工程就是他的杰作,去世后有"中国铁路之父""中国近代工程之父"的美名。他的事迹列入我国小学课本。他在我国是一位家喻户晓的人物。

图7-31　考察团员们在青龙桥火车站。

图7-32

　　1937年6月30日孙明经在青龙桥车站拍摄了詹天佑塑像的照片图7-30。
　　万里长城的八达岭段位于延庆县境内，是现今明代长城保存得较完整的一段。关城建于明弘治十八年即1505年，呈梯形东窄西宽，有东西二门，东名"居庸外镇"，西名"北门锁钥"，都是砖石结构，券洞上为平台。据史料记载，这一段的城墙，依山势修筑，墙身高大坚固。
　　1937年考察团到达时，虽八达岭关城卷门依在，但当年雄风不存，幸好"居庸外镇"四字匾额犹存。
　　孙明经用镜头（图7-32）记录下了这座著名关城城门在1937年6月的模样。

125

图7-33

图7—34

图7—33　1937年6月八达岭关城的西门虽比东门状况稍好，却也破烂得可以。孙明经拍摄这幅照片时，正有几个洋人大兵坐在城关顶上唱歌。

图7—34　1937年6月30日的八达岭长城上。

图7-35

图7-35　站在长城上向塞外远眺，天上乱云滚滚，长城上不见中国军队一兵一卒。孙明经在为这一次考察而作的书稿《抗战前夕万里猎影记》中，专门立了一章，章名："平绥铁路昭国光　万里长城无国防"来表达自己的感慨。本页左边截图为《抗战前夕万里猎影记》全书25章目录中该章标题节录。

图7-36

图7-36 今天的人站在八达岭长城上远眺"塞外",会有人联想到"国难当头"、联想到"救亡"的责任吗?1937年6月30日当孙明经站在长城上用摄影机记录"塞外风光"时,整个中国正面临7天以后——7月7日日军开始发动的全面侵华战争。此后的八年,将有3500万同胞被惨无人道地夺去生命。

　　长城外,古道边,天上那造型奇特的乱云,是否预示着什么?

图7—37

图7—38

图7-39

图7-37　考察团所乘列车到达康庄，从此再往西北行驶的铁路便是一路坦途。大火车头任务结束，在康庄卸挂，等待换火车头的时间，考察团员们就此各自在站台上自由活动。

图7-38　在康庄车站，孙明经遇到一位拍摄自己的拍摄者，孙明经按下了快门。画面中远处的士兵，身背后都背负着当时二十九军著名的大刀。1933年长城大战中，二十九军尽管武器装备大大落后日军，却凭借勇猛无畏，凭借大刀呈威，取得长城大战二十九军杀寇6000的辉煌战绩。一时间，二十九军大刀名扬华夏，一首大刀进行曲也从此响遍大江南北。

图7-39　换过车头，列车驶出康庄车站，不久就离开北平地界，进入河北省地盘，张家口火车站即在面前。

131

图7—40

图7—40 张家口火车站,1937年在中国知识分子们的心里拥有重要地位,一条中国人自己勘测自己设计施工完成的"京张铁路"的建成,大大增加了中国人的志气。在积贫积弱的中国备受列强欺辱的年代里,成为中国教师们向小学生、中学生、大学生们灌输"立志"教育的有力教材。在孙明经的心里和眼里它既是京张铁路的终点,更是激励同胞自强的丰碑。

1937年,张家口已不再是一条铁路的终点,它成为新的"平绥铁路"的一个重要的中继站。

图7—41

图7—41　1937年6月30日孙明经从火车站天桥上拍摄的张家口市容。

　　1937年，就地理概念认知，张家口和当时的北平并无直接联系，但在当时日军大兵压境全面侵华战争一触即发的大环境中，军事上张家口却是古都北平防御的西北第一门户。因此，在孙明经为唤起民众"群起救亡"为目的的考察拍摄中，张家口被列入"大北平"的范围当中。图7—41反映了当时环境下中国读书人对"地理概念"的特殊认知心理。

　　孙明经1937年6月对北平的考察拍摄到此告一段落，以此为界，将进入下一个考察地域。7天后，全面的抗日战争开始，孙明经和全体考察团员均在未能完成原定考察计划的情况下，不得不和全国同胞一起，开始一段惊心动魄的"抗战"生涯。

133

萬里機影記

——本文自二卷九期起長期連載——

孫明經

第十信 六月二十五日發自北平北辰宮飯店

「文化城」另有所歡 訪故宮不得全豹

到北平，這是第二次了。為一次是隨父、母，和姐姐來的，其住了兩個星期，遍遊了故宮、頤和園以及北平的主要機關及名勝。那時我才十歲，北平的一切都還在封建和軍閥制度下。

第二次是本年初春，曾趕上北平的溜冰季節末尾和古典的元宵燈節，北平的市民歌舞昇平，熱烈慶祝，街市上一個個偉大的牌坊，一律重新了東方的輝煌色彩，代表北平圖案建築的天壇也加濃了新鮮豔的金碧丹青。這些事實使我覺得北平圖案有力機關努力的結果，要想另尋新歡的徐娘，又在春心發動，濃裝招展，賣弄風情，媚眼弄俏似乎已經「敢睡」。她的美容似乎更增了「敢睡」的年輕感，這成為一個美麗的東方「文化城」，吸引國際遊客，無形中更加濃了，後來朋友告訴我，這是華北有力機關努力的結果。

港次我來北平，她的夜總會似乎已經平靜下來。（港次我來北平，是文明大都市暗染北平，使她成為一個美麗的東方「文化城」，吸引國際遊客，無形中更加濃了，後來朋友告訴我，這是華北有力機關努力的結果。）最高限度，許多妖裝崇裝的行動已漸漸而衝淡了。街上的大卡車一輛一輛的象徵鴻去，稍微注意一點便可看見，所有滿載的貨物，並且有下而太陽旗插著，染黑內幕的人都知道這是所謂「走私」，一面旗子便可發私面為呢；庸報一類的報張，曾論日益荒謬，駁車偽組織的首領大員常出入於北平，

的通衢大宅。朋友們還指給我看，南池子的某一個大紅門就是太太關心華北，常發出怨嘆的聲調。嗚呼！北平好像真是走到變節的最後一刻，那麼！便去燕京大學，正趕上他們的畢業典禮。業生們全副穿戴，高興得閉上嘴，推推挑挑的步入禮堂，來實濟濟而日擺擠的圍著取鬧，作熱烈的慶祝，熱心的陪著我想，不知下次他們還能倚能在此舉行他們的畢業禮！我當時心裏在幾日以來天公都不作美。今天算是正式開始攝製，仍但華語學校校長裴君最愛好中國藝術，熱心的陪著我到故宮博物院工作，講起故宮來真是洩氣。這裏包括內個部份，由三個不同的機關管理，行政機構並不統一。原來故宮分成了三們是到的最後的一部份，就型現在的故宮博物院。

宮、御花園等。這裡建築已經陳夜不堪，所陳列的器物也全些說的故事，真如同一座枯墳一般。裝被分或流亡國外或被南運，剩下這些建築已經陳夜不堪，所陳列的器物也全這傳說的故事的兒？真如同一座枯墳一般。裝又見一批一批的匆匆洗禮。陰晦不晴。華語學校校長裴君最愛好中國藝術，熱心的陪著我到故宮博物院工作，講起故宮來真是洩氣。這裏包括內個部份，由三個不同的機關管理，行政機構並不統一。原來故宮分成了三

客，隨著說津浜外國語的職業導遊者，一這是慈禧太后睡的床，那是康熙皇帝寫的字」，真叫照著，一邊是慈禧太后睡的床，那是康熙皇帝寫的字」，真叫我不禁暗笑。最使人揶揄的是這僅僅三分之一的飛艇者，就無法看見全豹了。

不同時開放，而是逐日分別開放，所以匆忙的遊客，就無法看見全豹了。

抗戰前夕萬里獵影記

第十一信 廿六年六月二十七日 發自北平頤和園

北平圖四庫完好 灤州影藝術高妙

國立北平圖書館是國內有名的大圖書館，地點恰恰依着北海，眞是個讀書的佳境。館中藏書達五十萬册，內中珍藏的四庫全書和永樂大典等尤爲名貴，爲了這四庫全書，承編目主任友人吳光淸君介紹，我就於昨日下午到了該館，開始拍攝。（吳君現在華盛頓國會圖書館工作）（編著誌）

四庫全書的儲藏庫在全屋的最上層，平時絕不開放，獲得有特殊許可者可以入內閱覽。四庫全書原有七部，其中六部或有散佚或已不全，惟該館所存的一部仍全部完好。計經五，四○卷，史九，三七六卷，子九，二○五五卷，集六，一四四四，共三九，三七五卷，分裝六，一四四函 [書用宣紙書寫] ，八二卷。上半年因中日關係緊張，該館善本書的在一部份運往上海保存，現平市方面中日空氣頗平靜，堆砌於過道中，尚未開箱。（實局的樂觀便我無法贊同，但如忽然轉變悲觀，多散佚或已不全，惟該館所存的未來命運當不堪談想。編者迄今悲痛不已）

最讓我暗自傷心的是這些最重要的圖書，將他們未來命運最便利的是和所有男性女性受難的我們一樣的流滿……

他們心愛的書，有一天將不能安靜地讀他們心愛的書；但我怕逼日子不遠。

昨日經裴校長介紹，走出了北平圖的大門，我還是這樣想着。

灤州影是中國藝術中一件驚人的偉績。假華語學校禮堂內演出了好幾齣影戲。幕前幕後的種種都攝成電影，這位孝脫塵君原是北平匯文中學畢業，他的父親以演影戲著名，他也襲父技，辦了一個慶民昇影戲社，請他表演的多半是大飯店，公使館，以及其他高貴的外賓。（圖六大小間層）

關於灤州影事實上是一種傀儡戲，也可說是活動影戲。牠的原理有一半是和現代影相同的。重要的部分有三件：第一是一面薄紙糊成的幕，約有六尺寬，四尺高，正相當於一塊家庭電影的銀幕。第二是光源，早先通用的是油燈，現在已是三百多年了。比現代電影發明的早多了。到唐宋時代漸形發達，但都是在陝西一帶，流於灤州，技術愈形精巧，便成了現代灤州影的胚胎。

灤州影的起源，像談藪載：「漢武帝李夫人亡，帝思之，齊人少翁夜設帳張燈燭，帝坐幃中望之，仿佛李夫人」，這便是灤州影的胚胎。到唐宋時代漸形發達，但都是在陝西一帶，流於灤州，技術愈形精巧，便成了現代灤州影了。

光線之間如果有人物的剪影，在幕後就能看出。這種皮影戲的內容，視戲的情節而異，剪影，可說是第三個重要部份。剪影的

大概可以分作兩類，一是背景，如亭台樓閣了，一是人物。背景和人物都是用頂細緻白淨的驢皮雕鏤而成，繪上鮮艷的彩色，種種塗上透明的油漆，人物的頭可以取下換用，以便臨時配成各種的角色。每個人物有三根小棒操縱着，一根操縱着身體。人物的一切活動都在這三根小棒操縱下，活靈活現的演出，行動，打仗，獻躬，都能舉肖；連喜怒哀樂的態度都能表現出來。一個人物的動作，由一個手去操縱，兩個人物能隨着戲這另外幾個樂師。打鼓的打鼓，拉胡琴的拉胡琴，兩手操縱，並且不顯出場面有甚麼呆板。操縱傀儡的演戲人能在幕後。

所以並不顯出場面有甚麼呆板。操縱傀儡的演戲人能在幕後同時操縱，同時還要隨時唱伴對白的反配演出有恰到好處的戲目。

而演出有恰到好處的戲目。

也隨着戲這另外幾個樂師。打鼓的打鼓，拉胡琴的拉胡琴，簡直是有聲有色，了不得的。年前有一部份不動，觀眾的注意力集中在動的人物上，那末色彩鮮艷，簡直是有聲有色，了不得的。年前有一位美國小姐出場，這位小姐編着於三十九年在紐約會過一次，那回美國獻技。〈這位小姐〉還有一位德國學者來北平考察灤州影，特地化了三個月的功夫，跟李君學了好幾套戲，帶了不少皮人回去寫了一本專書，詳細地介紹灤州影。下星期六國飯店要舉行一次灤州影表演，入場卷是三元一張。北平一般社會裏，可以大肆特書大看特看的藝術。但在外國人奇異的眼光下，卻成了無足重要地位。因為牠是利用投射成影的原理，可以快的發展成現代的電影，而在外國卻由幻燈翻盤等等玩意兒很把牠改進成現代的電影，成為世界的大企業之一。尚有那門有欠缺的辦法

灤州影論到這裏，聯想迷惑我莫大的興趣

令人生淒涼之感，照整個的建設說，當然比南京的玄武湖好，但一個是生氣勃勃，一個是囚首垢面，滋味也就大大的不同。頤和園原是用着海軍的經費修的，反覺幽開把來，雨何悟我卻留着一面欣賞，一面寫信。

頤和園不像我從前感覺得那麼好了。滿園荒蕪，建築頹廢。一隻石船傍在湖波，照電影編劇的眼光看來，這是多麼好的一個反襯呀！

第十二信　廿六年六月三十日發自北平北辰宮飯店

慈幼院「教」「養」「衛」合一

考察團「看」「問」「想」並重

西山有碧雲寺，內有總理的衣冠塚。還有香山肺病療養院也設於寺內。還有香山慈幼院離開香山飯店不遠。一夜的安眠，是熊希齡氏創辦的，住在一個院內，裏面的辦法很有趣，每一個教師負責教十個左右的孩子，便我們精神為之一振。香山慈幼院離開香山飯店不遠。願為宣傳，所以這夜還為住術地方。大為鉅細靡遺，所以這夜還為住術地方，孩子們自然的就是兄弟姊妹，教師自然的就是母親

一四

「敎」「養」「衞」完全合一。此外他們有公共的禮堂，課室，遊藝室，圖書館的職員都是小朋友們自己負責。從西山回北平以後，接着就是「西北考察團」全團會議，然後秦市長歡送全體團員，招待於中南海的懷仁堂。明日我們便要出發。晚間在北辰宮整理行裝，校中寄來一萬尺影片和幾十捲照相捲片除在北平用了一部份外，預備全部帶去，一應俱全，影機攝帶兩隻，照相機已帶兩隻，另外還有些附件，頗有長征的意味。（第一）

二十六年西北暑期考察團是燕京大學，北平研究院，通俗讀物編刊社，河北移民協會等機關所組織。全團共分五組：一組事往綏遠，其他四組則往綏遠，分任考察：（一）社會與敎育，（二）農墾水利及衞生，（三）畜牧、森林、土壤、礦產，（四）歷史及地理各部門。每組由團員自行選出組長及交際，團員有三十五人是大學敎授及中學敎員。五十八人為大學及中學學生，十五人為社會團體服務人員，另有實業界六人，職業未詳者兩人，公務人員則僅有一人，總計一百十九人。團長是燕大歷史敎授顧頡剛先生，副團長是河北移民協會總幹事段承澤（繩武）先生，段君原是行伍出身，後來在孫傳芳部下當師長，段師長在革命軍北伐時期會極力主張與國民黨合作，惜孫傳芳氏未能探納。五省聯軍既已失敗，他便在北京大舉建築，過寫公的生活，終日鬼混，混到無聊時偶而想起武訓行乞興學的故事，覺得自己非作點事不可，於是到綏遠與辦實業，並組織河北移民協會，親到黃河水災區域冀魯豫三省邊界地帶把災民分批選擇，移住綏遠開墾。起初去包頭，事業不大成功，然後在五原開闢

宜。抗戰開始段君即來重慶在後方勤務部專門主持榮譽軍人的工作，廿九年病故。——編者識）團員大會中，段君致詞有幾句十分警惕悲壯的話，他說：「本團是民國二十六年暑期西北考察團，我們的西北，我到民國二十六年才去考察，實在太晚。我們到綏遠西部偏僻鄉間去，往往從遠處就可以看到一叢叢沃的農田，人民個個讀書，家家都有生活；育嬰院，醫院，敎堂、學校都辦得井井有條，合宜的水利，肥的大樹林，裏面有整齊的道路，高大的房屋，這是比利時的傳敎士，遠涉重洋而來，政府旣無協助，土匪又遍地皆是；我們現在有火車可坐，有汽車通行，治安無問題，招待有政府，勞逸之勢判然不同，所以我們去考察不是徒然旅行遊覽，而必須認真的把實際情形看出個所以然，以偏將來對於開發政府，才不負本團的使命，和國家對我們的殷望！」——瞭有所貢獻，

第十三信 二十六年七月一日 發自大同

平綏鐵路照國光 萬里長城無國防

昨日清晨六時到前門車站，隨同考察團全體乘坐路局為本團專掛的兩節三等車，登上了西北征途。隨同本團去五原為移墾農民擇配北平救濟院的院女共二十人，他們是到五原去做段先生舉辦的事業之一。

火車開著北平城外繞了大半個圈子，過了西直門然後停在南口車站。向西望去，房屋櫛比，烟囪林立，聽說這是平綏路最大的機廠。向北望便是從前馮玉祥將軍率領西北軍固守的南口，形勢果然雄壯，車站附近還有南口陣亡將士紀念塔屹然而立著。一會兒，我們的車頭被換了，這車頭上紅者一

一段之間來回駛行，因在南口以南及康莊以北，所有的橋樑力量不足，都承受不住這種重車頭，要是擅行駛用，必至壓壞橋樑，損壞車頭車輛，傷及生命，非常危險，切告切告。」

從南口向北駛的列車，都是把機車放在末尾，來推進列車，所以乘客在第一輛車端向前眺覽，最為痛快。從南口到青龍橋全是上坡路，車頭在尾端，可以避免車輛萬一脫節過下，這一段路沿路有若干岔道，車頭在岔道，防備火車不能前進時就可以趁著坡勢很快的加速，衝上前面的高坡，但普通列車，用大車頭時不需要向岔道上退行。這種設備祇是為特別重的列車而設的，同時也是防免危險的必要辦法。

從北平出發，不過兩小時我們便到了青龍橋。青龍橋一帶最引人注意的，無疑的就是平綏鐵路總工程師詹天佑先生的銅像，和八達嶺上的萬里長城。平綏鐵路的修築原有很長的故事，當一八九八年俄國獲得京漢鐵路的建築權後，又要求我國展修至庫倫恰克圖的建築權，當時英國非常反對，但不明說，祇勸清廷用自己的資本修築京張鐵路（北平至張家口），一九〇五年清廷得英國承諾向京奉路及關內外鐵路公司合借了五百萬兩，起工修建。當時國外的鐵路專家勘測之餘，都認為山嶺重重，工程艱鉅，非萬萬元莫辦，詹天佑設計避免互長隧道的路線，設置岔道，外使坡度雖然超過鐵道標準很多，仍能安全行車，設計最妙的一點莫過於青龍橋站後的一個Y字形的路線，然後穿過八達嶺的一千餘尺的大隧道，下坡而達康莊。以後便是坦大道，火車頭不遂送了。

戴的萬里長城的像片，他是從八達嶺照的，長城全長達五千里，何以遊覽長城的人單以八達嶺為目的地？一般人都知道秦始皇遊長城，殊不知秦始皇祇把長城修了個大概，僅是五步一碉，十步一樓的形勢。以後漢唐明歷代增修，才成功現在大部是明朝自永樂以後建連續的形勢。長城到明朝最完備，明朝自永樂以後建都北平，鄰近都城的地方自然修得格外堅固，八達嶺是通塞外的咽喉，形勢異常險要，保存又最週到，加上平綏鐵路貫通其間，遊覽千分便利，自然遊者不絕於途。

我們從青龍橋車站步行著爬上了八達嶺，向關內一望，阡陌縱橫交錯，回首向北，雖在夏季，卻有枯涼意味；一批駝隊在單調的鈴聲中慢慢沿著蜿蜒細窄的「大道」踱著，漸漸走近我們的視線，最後他們進入了「居庸關」的城門歇著，要恢復他們疲勞的四肢。

一列塞外駛來的列車正蠕蠕的蛇行著，好像在爬陡陡的山坡，我們曉得這是去北平的列車，在青龍橋錯車，這車到後，我們的車也要開了。這時我們已攝足了各種鏡頭；像片，電影：黑白的，彩色的，裝彩真美麗，黃鏡，紅鏡，偏極光鏡都用過了，走吧，留著日後來紀念他們吧！「萬里長城今猶在，不見當年秦始皇。」

再回首向關內俯視，幾千年來長城一帶都是邊防要區，在國難嚴重的今日，自然更應當有強固的國防設施，但是連一兵一卒都沒見到。正要回車站，迎面看見三五成萃的外國人，向我們古典的國防要塞邁進，快要離開我們的視線以後，還隱約聽見他們在引吭高歌。

到康莊以後，路旁除偶有幾個堡壘點綴面外，似乎沒有更

孙明经参加本次考察的全过程中，每天考察结束，除做"考察日录"外，会把一天考察中较有趣的内容另加记录，以"书信"的形式寄给自己的未婚妻吕锦瑗。1937年10月孙明经、吕锦瑗在日军攻占南京前夕成婚。11月孙明经、吕锦瑗夫妇随自己所在的金陵大学西迁重庆后，孙明经抽时间对这一次考察期间寄给未婚妻吕锦瑗的25封通信函加以整理，共成25章，诸章加以命名，成为一部书稿，名《抗战前夕万里猎影记》，并精选一批照片图表配入，图文并茂。1938年7月7日，全面抗战1周年时，书稿完成。

由于当时重庆缺乏出版条件，直至1943年11月，遵恩师魏学仁博士的建议，《抗战前夕万里猎影记》开始在孙明经主编的《电影与播音》月刊连载。本章影印的内容即《抗战前夕万里猎影记》一书中记录孙明经1937年6月北平考察的四章……

1950年10月在北京拍摄的老照片

在北京拍摄的老照片

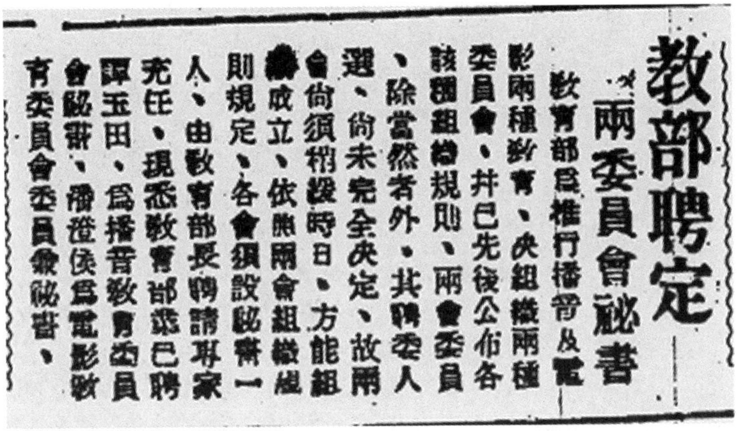

教部聘定

兩委員會祕書

教育部爲推行播音及電影兩種教育、决組織兩種委員會、幷已先後公佈各該會組織規則、兩會委員、除當然者外、其聘委人選、尙未完全决定、故兩會尙須稍緩時日、方能組織成立、依照兩會組織規則規定、各會須設祕書一人、由教育部長聘請專家充任、現悉教育部業已聘譚玉田、爲播音教育委員會祕書、潘澄侯爲電影教育委員會委員兼祕書、

图8—1

1927年孙明经成为大学生。

在陈裕光、郭有守、魏学仁等列位恩师为其专门设计的培养计划的引导下，至1934年大学毕业，孙明经成为了大学教师。

其间他就读的南京金陵大学（今天南京大学前身之一）1930年成立了电影教育委员会。

1931年在蔡元培的旗下中国教育电影运动开启。

1932年7月8日蔡元培任第一届主席主持中国教育电影协会成立。孙明经当时虽是一名在校大学生，却得到学界泰斗们的格外呵护引导，经常安排他在各种场合参与中国教育电影运动的具体活动使其得到锻炼。

1936年3月25日“国难时期教育方案”成为国家政策，当年7月教育部成立

图8—1　1936年7月25日《南京日报》二张六版报道可见教育部成立电影教育和播音教育两个委员会的内容。

电影教育委员会和播音教育委员会，统筹全国电影教育与播音教育事业的建设与发展。同年8月，电影教育委员会和播音教育委员会合并，成立统管全国电影教育与播音教育的"电化教育委员会"。至此，我国教育电影运动升格为"电化教育运动"。

1936年7月，郭有守起草的"1936年电影教育计划"以及1936至1942年的"六年电影教育计划"公布实施，依据"六年电影教育计划"，1936年至1942年的六年之内全国要建立2000个"电影教育巡回施教队"，即全国范围内2000个县每县一个。

8月在郭有守的推动运作中教育部制定并发表《实施教育电影办法》令各省市教育厅局遵照。

为具体培养实施教育电影的人才，在郭有守的推动中，教育部和南京金陵大学联合，在南京金陵大学校园内举办"教育部电化教育人员训练班"。

全国各省市教育厅局遵部令选派优秀青年参加受训。1936年9月9日训练班开班授课，孙明经以"金陵大学电影教育委员会摄制部主任"身份参与课程设计与授课。

从此，中国电影高等教育、播音高等教育、电视高等教育、摄影高等教育以及电化教育学科及"电化教育"名称与学术内涵在我国确定并正式诞生。

图8-2 《南京日报》1936年8月23日二张六版可见报道教育部制定实施教育电影办法的内容。

图8-3 1936年8月1日《南京日报》报道"教育部积极推行播音电影教育开办电化教育人员训练班"。

图8-4 1936年9月9日开班的"教育部电化教育人员训练班讲师及指导员一览表"原表现存南京第二历史档案馆。表中可见孙明经和马宗荣、倪尚达、戴运轨、吴汝麟、杨简初、赵鸿谦等学界泰斗并列同一名单。

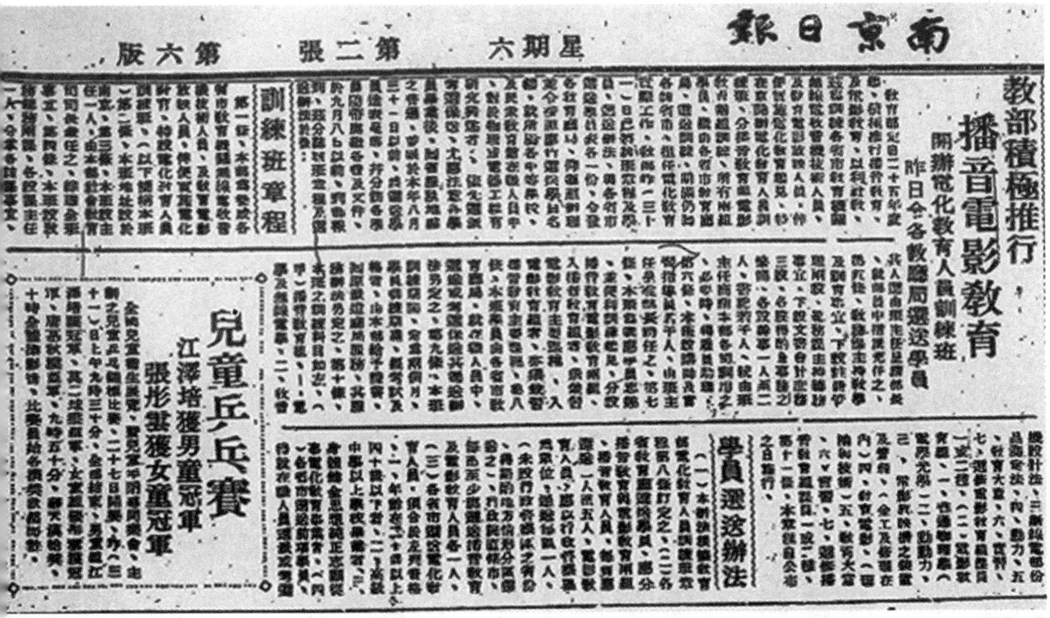

南京日報　星期六　第二張　第六版

教部積極推行
播音電影教育
開辦電化教育人員訓練班
昨日令各教廳局選送學員

訓練班章程

學員選送辦法

兒童乒乓賽
江澤培獲男童冠軍
張彤雲獲女童冠軍

图8—3

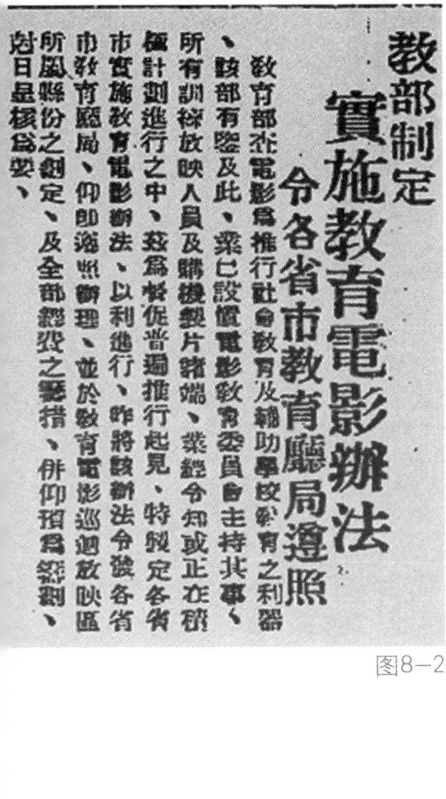

教部制定
實施教育電影辦法
令各省市教育廳局遵照

教育部以電影爲推行社會教育及輔助學校教育之利器、該部有鑒及此、業已設置電影教育委員會主持其事、所有訓練放映人員及購機製片諸端、業經令知或正在積極計劃進行之中、茲爲督促普遍推行起見、特擬定各省市實施教育電影辦法、以利進行、昨將該辦法令發各省市教育廳局、仰即遵照辦理、並於教育電影巡迴放映區所屬縣份之劃定、及全部經費之籌措、併仰預爲籌劃、尅日呈核爲要、

图8—2

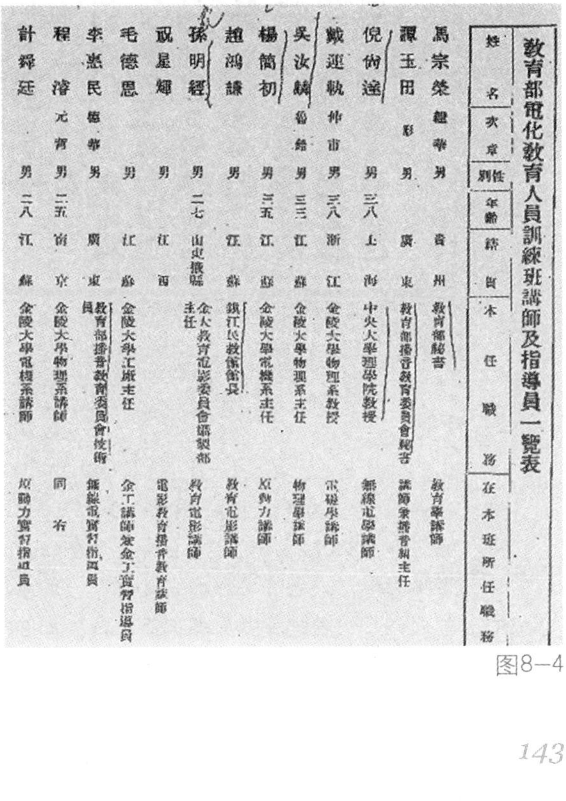

教育部電化教育人員訓練班講師及指導員一覽表

姓名	次章	性別	年齡	籍貫	本任職務	在本班所任職務
馬宗榮	繼華	男		貴州	教育部秘書	教育學講師
譚玉田	彤	男		廣東	教育部播音教育委員會秘書	講師兼播音組主任
倪尚達		男	三八	上海	中央大學理學院教授	無線電學講師
戴運軌	仲甫	男	三八	浙江	金陵大學物理系教授	電磁學講師
吳汝麟	畹鈴	男	三三	江蘇	金陵大學物理系主任	物理學講師
楊簡初		男	三五	江蘇	金陵大學電機系主任	原動力講師
趙鴻謙		男		江蘇	鎮江民教館館長	教育電影講師
孫明經		男	二七	山東濰縣	金大教育電影委員會攝製部主任	教育電影講師
祝星輝		男		江西		電影教育播音教育講師
毛德恩		男		江蘇	金陵大學工廠主任	金工講師兼金工實習指導員
李惠民	德蒂	男		廣東	教育部播音教育委員會技術員	無線電實習指導員
程濬	元甫	男	二五	南京	金陵大學物理系講師	同右
計舜廷		男	二八	江蘇	金陵大學電機系講師	原動力實習指導員

图8—4

教部推行電影教育 與金大合作影片
——金大特設教育電影部主持——

教育部為推行電化教育起見、除已在金陵大學舉辦電化教育人員訓練班、業已開始訓練外、關於教育電影製片工作、亦已委由金大理學院等處合作進行、並悉金大理學院自奉到教育部是項委託後、以事業激增、已决於所屬電影教育委員會之下、增設教育電影部、以潘澄侯為主任、并加聘幹事四人、助理三人、將該部分為總務、編譯、攝製、流通四組、由潘澄侯、婁家壐、孫明經、殷天蟄等分別主持、

图8-5 《南京日报》1936年9月26日二张六版报道，教育部为推行电影教育，和孙明经所在的南京金陵大学合作拍摄影片。金陵大学为此专门成立"教育电影部"，教育电影部分设总务、编译、摄制、流通（今天称为发行）四个部门，孙明经担任摄制部主任，在蔡元培、陈裕光、郭有守、魏学仁等泰斗的推动中开始大量拍摄教育影片和相关的照片。

1950年10月在北京拍摄的老照片

图8-6

六年内，全国要培养2000多名教育电影施教人员，还要为2000多个"教育电影巡回施教队"提供教育电影的影片节目。于是，孙明经在恩师们的安排中，一面创建课程，一面努力拍摄教育电影。

从1934年开始，孙明经的电影和照片拍摄活动，都是在"教育电影"的拍摄计划之中，在"国情调查"或"科学考察"的名目中实施的。从1936年9月开始，电影教育在我国被纳入"电化教育"的学科范畴管理。孙明经的学科创建活动、教学活动、教育电影和相关照片的拍摄活动，也都被纳入当时教育部的"电化教育委员会"的规划与管理。

顺便说一句，从1931年开始，中国的整个电影业是以教育部为主实施管理的。

1949年10月1日，新中国成立。中央人民政府在文化部下建立"中央科学普及局"，周恩来总理任命北京大学化学系系主任袁翰清为科普局局长，旧中国遗留的"电化教育"事业和学科，划归"中央科普局"接收和实施管理。袁翰清邀请孙明经就任中央电化教育处处长。由于孙明经已经答应中央电影局局

图8-6 这是世界电影教育历史中空前绝后的，一个教学班招收学员2500人，实际报到入学2200人，毕业1850人的"中央文化部电影局南京电影放映训练班"毕业大合影局部。

长袁牧之,参加两千多名学员的"中央文化部电影局放映训练班"的课程建设与教学,所在学校的学科建设不能离开,孙明经未能北上就职。于是他安排自己的助教吴光、盛尔镇、吴定宏、孙子欣四人北上"中央电化教育处"参加工作。

1950年10月,孙明经的北京之行与照片的拍摄和以往不同。这一次没有国情调查任务,也没有考察题目。孙明经这一次北京之行,一是接受袁翰清局长的邀请参加新中国成立以来最大的一次以"电化教育"名义举办的大型会议华北五省二市幻灯工作座谈会;二是应中央电影局局长袁牧之邀请到北京,就成立"中国电影大学"和建立"中国电影城"的规划,以一个多年从事电影高等教育的教师的身份谈意见。

这一次孙明经在北京的照片拍摄,行动自由内容宽泛,因为没有以往那种考察日程的时间和内容的限制,所以照片的拍摄多了一些从容……当年孙明经本人在整理北京所拍底片时,亲笔留下一份记录,内容包括:北京故宫博物院、天坛、北京、北京电教所、北京大学、北海图书馆、颐和园、北京九龙壁、燕京大学共计九个方面的内容。

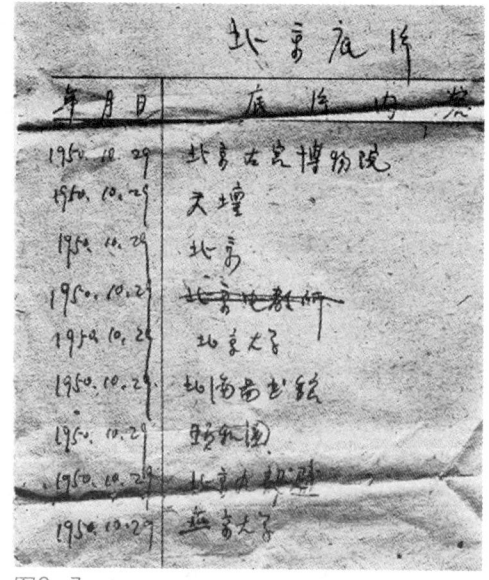

图8-7

图8-8

可惜经历过"文革"的灾难,当时孙明经拍摄过程中的具体记录已经无存。对于他为何会自行安排这九项拍摄内容,除北京电教所、颐和园、北京大学、燕京大学之外,笔者已难考证。

图8-7中孙明经本人为原记录的九项拍摄内容所标注的时间,全部为1950年10月29日,这是孙明经本人记录的冲洗胶卷的日期,而非拍摄日期。

1934年开始,孙明经被称为从事"教育电影"的大学教师;
1936年开始,孙明经被称为从事"电化教育"的大学教师;
1947年开始孙明经被称为从事"影音教育"的大学教师;
从1952年开始到1992年去世,孙明经被称为从事"电影教育"的大学教师。

今天的中国,有超过260所高校开设"教育技术"本科专业,硕士点超过60个,博士点9个。1947年,英千里担任教育部社会教育司司长时,"电化教育"学科名称正式更改为"影音教育",其内涵包括电影教育、播音教育、摄影教育、电视教育、电子计算机教育。1949年,新中国中央人民政府文化部成立"中央电化教育处",以"电化教育"名称全面接收旧中国"影音教育"事业与学科。从而,电化教育作为一个学科和专业名称得以保留到今天。

1950年1月,孙明经的四位弟子,参加了刚刚成立的新中国的中央电化教育

图8-8 中央文化部科学普及局电化教育工具制造所大门,在当时北京东四四条33号院。

处的工作。1950年10月,孙明经应邀到北京参加新中国成立以来最大的一次以"电化教育"名义召开的会议,当然不能不到"中央电化教育处"来看看学生们的工作状况,于是留下了这一组对于今天研究新中国电化教育史或称新中国教育技术史来讲,弥足珍贵的照片史料。

1949年,文化部科学普及局在北京东四三条14号院内成立,科学普及局下设"中央电化教育处"设在北京东四四条33号院内。东四四条33号院门楼外挂牌"中央文化部科学普及局电化教育工具制造所"和"中央人民科学馆筹备处"(图8-8)。这幅照片对于我国教育技术史而言,可称具有里程碑意义。今天我国几百所开设"中国电化教育史"专业的高校的相应教材中,都缺少有关1949年"中央电化教育处"的内容。

图8-9

图8-9 1949年孙明经本人未能北上就任中央电化教育处处长,正好此时从美国归来一位梁泽楚先生,袁翰清任命他担任中央电化教育处副处长代理处长,他专门到南京向孙明经要人。孙明经推荐自己的四位弟子孙子欣(左一)、盛尔镇(左三)、吴光(右二)、吴定宏(右一)给梁泽楚,1950年1月这四个

1950年10月在北京拍摄的老照片

人北上到达北京中央电化教育处开始工作。10月，孙明经在"中央文化部科学普及局电化教育工具制造所"内的放映室前，和四位快乐的弟子自拍合影。照片中，所有玻璃上贴满白色纸条的原因是，中国人民志愿军已经跨过鸭绿江，为预防北京随时可能遭到美空军的空袭，当时北京所有建筑的玻璃上都贴上了纸条，这些玻璃上的白纸条记录了那年月北京特有的"时代"气氛。

图8-10

图8-10　1950年10月，胸前别着"中央人民政府文化部"圆形徽章的四个意气风发、对未来充满憧憬的年轻男子汉。

　　右一：吴光，后来担任文化部科技办公室主任至退休，对文化部全系统的科学技术工作做出了贡献。

　　左一：孙子欣，后担任电影机械所高级工程师，对我国电影机械的科研制造做出了贡献。

　　左二：盛尔镇，后担任光机研究所研究员，在激光科研与学术上做出了贡献。

　　右二：吴定宏，很有才能的专家，可惜"文革"期间非正常死亡。

图8—11

图8—11　1950年10月，吴定宏在"中央文化部科学普及局电化教育工具制造所"自己的办公室内。桌上放着"工具所"生产的油电两用幻灯机。1950年的新中国，99%的国土面积上没有电力供应。要发展"电化教育"，必须有不用电的"电化教育"工具才行。在孙明经老师的建议下，吴定宏和张印泉两人，设计出"油电两用幻灯机"，成为"中央文化部科学普及局电化教育工具制造所"1950年的主要产品。在当年10月举办的华北五省二市幻灯工作座谈会上得到广泛赞誉，这种幻灯机在广大的无电力供应的农村的土改和婚姻法的宣传中，发挥过重要的作用。

张印泉后来调到新华社摄影部担任摄影记者，在摄影方面做出贡献。

这幅照片在中国电教历史中的作用：对于"电化教育姓电还是姓教"的争论，是一个有说服力的史料——原来"电化教育"居然曾经是可以不用电的。

图8—12　1950年10月华北五省二市幻灯工作座谈会结束后，吴光、吴定宏、盛尔镇三位同学陪同自己的老师畅游颐和园，孙明经为弟子吴光和新婚夫人在颐和园拍摄留影。

图8—13　孙明经在颐和园为弟子吴定宏和新婚夫人拍摄合影。

图8—14　孙明经在颐和园为弟子盛尔镇留影。

图8-12

图8-13

图8-14

图8-15

图8-15 1950年10月的天安门前和今天所见很有一些不同：马路上可以看到拉排子车的，门楼上看不到那一溜巨大的灯笼，在今天悬挂毛主席画像的位置也看不到毛主席的巨幅画像。比起1937年2月孙明经拍摄的天安门，区别就更大了许多：华表的位置向外移动了、金水桥畔和天街上原有的树木一棵也看不到了。

图8—16

图8—16　1950年10月天安门前的东长安街,明清两代称天街。照片中可见长安左门,此门和长安右门建于明永乐十八年即1420年。二门为皇城通往中央官署衙门的总门,门前竖一巨大石碑,上刻大字8个:"官员人等,到此下马",有禁军站岗。平日百官上朝面君都从长安左、右门进入,无论官爵多高,必须下马下轿,步行进长安门,经天街(今天安门前的长安街),上金水桥,入承天门(清代为天安门),过端门再进午门,入宫上朝。长安左门位于天安门前天街的东端,长安街因长安左、右门得名,取长治久安之意。门三阙,券门,汉白玉石门槛,单层歇山黄琉璃瓦顶,红墙,基础为汉白玉石须弥座。与长安右门东西相对,长安左门为皇城通往内城东部孔道之一,为皇城天安门的东复门。

明清两代殿试后,写有中进士者姓名的黄榜,接出午门,在鼓乐御杖引导下,经天安门,东转出长安左门,张挂临时搭建的龙篷内。举子若金榜题名,犹鱼跃龙门,因为此缘故古时人又称这座门为"龙门"或"青龙门",附"左青龙、右白虎"意,或谓"孔圣门",意得孔圣之学而登此"龙门"。

1912年12月,为便利通行,长安左、右二门原有的汉白玉石槛拆除,1913年1月长安街正式通行。39年之后长安左门和右门于1952年因"妨害交通"而被拆除。

153

图8-17

图8—18

图8—17　1950年10月东长安街和街上的东长安街牌楼。牌楼高13.6米，长23.7米，明永乐年间建造，位于长安街东侧，是一座四柱三间冲天式木牌楼。

西长安街牌楼的匾额上题"瞻云"二字，东长安街牌楼匾额题"就日"二字相对，取东看日出、西望彩云之意。1952年东西长安街扩建，两座牌楼因影响交通被拆除。1955年2月17日这两座具有历史和艺术价值的牌楼迁建陶然亭公园内。"文革"期间两座牌楼获罪"封建余孽"，这一次遭遇的不是被拆除而是拆毁，石座散放园内。

现两座牌楼已在陶然亭公园内得到重建待遇。

图8—18　1950年10月北京街头的"祥德号"早点铺门脸和掌柜。

早点铺，是老北京的一个特色，吃"早点"，早年间可是北京人的一绝。明清两朝六百年，四面八方的人，到北京做官的、做买卖的、进京赶考的，年积月累，生生地把天下人爱吃的早点口味、做法、品类、吃法都汇聚到了北京。1950年10月，当时北京城里这一家名叫"祥德号"的早点铺，发面薄饼卷油炸糖耳朵、1000元一套，折合今天1角钱，一个成年人能吃饱吃好！发面大饼夹炸油饼薄脆，3000元一份儿，折合今天3角，两口子加一个小孩子能吃饱吃好。为此，小小铺面远近闻名！

祥德号隔壁可见"馒首铺"牌匾，馒首就是馒头。

图8—19

图8—20

图8-21

图8-19、8-20　1950年10月,孙明经再拍北京鸭。

1937年2月,孙明经拍摄北京鸭时,当时的北京鸭名叫"北平鸭"。时过13年,1950年10月,孙明经再拍时,北京鸭的饲养不仅规模比1937年大了许多,名称也恢复为"北京鸭"了。

图8-21　1950年10月孙明经再拍天坛。图为1950年10月下旬的天坛大门。

图8—22

图8—23

图8—22　1950年10月下旬的天坛祈年殿与殿门。

图8—23　1950年10月下旬金碧辉煌的祈年门门匾。

图8—24　1950年10月下旬的祈年殿。

图8-4

图8-25

图8-27

图8—26

图8—25　1950年10月下旬的祈年殿顶与匾额。

图8—26　1950年10月下旬，祈年殿内金碧辉煌。在当时没有任何辅助光源完全使用自然光的条件下，孙明经使用黑白胶片能把光线很暗的祈年殿内景拍摄出这么辉煌的效果，实在是大家水准。

图8—27　1950年10月下旬，天坛公园内皇穹宇殿内的"皇天上帝"牌位辉煌夺目。

天坛于明永乐四年即公元1406年设计兴工，永乐十八年即公元1420年建成，乾隆八年即1743年起历时十余年的修缮，这座坛庙日臻完美。1918年改为公园开始对大众开放。

天坛除祈年殿，另一座重要建筑就是皇穹宇，是放置皇天上帝牌位的，世界上最大的祭天神坛即天坛之所在。殿高19米多、直径15.6米，以砖木建成，小于祈年殿，结构与祈年殿相似，单檐蓝瓦，殿顶也有鎏金宝顶，殿下也有台基和汉白玉栏杆。远望，像一把金顶的蓝伞高撑云天。

皇穹宇殿内金碧辉煌，殿外有一道圆形磨砖对缝围墙，门向南开，这一圈围墙就是著名的回音壁。由于内侧墙面平整光洁，声音可沿内弧传递，两人分站东西墙根，一人靠墙低声说话，远处的另一人能清晰听到。游客来此，无不一试为快。

图8-28

图8-29

图8-30

图8-28 殿内巨柱局部近景。
图8-29 殿内古老的单个编钟。
图8-30 1950年10月孙明经在天坛殿内拍摄的一架16只编钟。

图8-31

图8-32

图8-31　1950年10月的北海九龙壁，环境与壁体本身与今天有显著区别。

图8-32、8-33、8-34　1950年10月北海九龙壁上的浮雕图案，和今天最大的不同处，在于每一块预制的琉璃彩砖之间，都有明显的白色黏结材料外露。

图8-33

图8-34

165

图8—35

我们的国家图书馆,以前的正式名称叫做北京图书馆。前身是清末宣统元年间1909年4月24日清政府学府部奏请筹成的京师图书馆,当时主要收藏善本古籍,馆址在什刹海北广化寺——鼓楼西鸭儿胡同内。今天已经发展成为世界五大藏书过千万册的图书馆之一。

辛亥革命成功后该馆由北京政府教育部接管,1912年8月27日开馆正式接待广大读者。1928年改名国立北平图书馆,馆址迁至中海居仁堂。

1931年在北海西侧建宫殿式新馆。馆址为明代著名的玉熙宫,此处明末为皇家别院,清晚期宫殿荒废。新馆建成后环境十分幽美。

图8—35　1950年10月的文津街与北京图书馆大门。

图8—36

因馆内藏有文津阁《四库全书》，馆前街道命名文津街。全馆面积8000平方米。1949年正式命名北京图书馆。70年代后期该馆扩建为50000多平方米，藏书1100万册。

1975年3月，周恩来总理提议并批准兴建新馆。

新馆工程作为国家重点建设项目，于1983年9月奠基，1987年7月1日落成，邓小平同志为新建的北京图书馆题写了馆名。万里同志为北京图书馆新馆开馆剪彩。新馆占地7.42公顷，建筑面积14万平方米，文津街原馆址成为分馆。包括文津街分馆在内，今天的北京图书馆馆舍建筑面积17万平方米，可藏书2000万册，设有阅览室30余个，拥有阅览座位3000多个，日平均可接待读者七八千人次。北京图书馆虽然只有80多年的历史，但其藏书脉络与基础可以追溯到700年前。建馆之初，继承了南宋皇家图书馆缉熙殿和明代皇家图书馆文渊阁的部分珍藏，又以清廷内阁大库翰林院和国子监南学为基础，收藏了大量的善本、丛书、地方文献和其他珍贵文献，约10万册。有翰林院残存的《永乐大典》、敦煌写经等，其库藏"四库全书"是中国大陆唯一完整的一套。它收藏的古籍善本达26万册之多，还收藏近200万册普通线装书。

图8—36　1950年10月坐落在北海西侧已得到正式命名的北京图书馆环境十分优美气派。

图8-37

图8-38

  1898年京师大学堂成立，清政府把地处皇城内乾隆皇帝的女儿嘉和公主的府邸，作为新学堂的校址；1912年5月3日，京师大学堂原校址改名为北京大学；1950年10月，北京大学校园中，当年公主府内的这一座楼房依然健在，人们习惯地称它为"公主楼"。照片中，建筑的玻璃上全都贴有白色纸条，留下了那个年代北京特有的时代特征与气息。

图8-37 1950年10月北京大学校园中的"公主楼"。
图8-38 1950年10月北京大学校园里的陶宏。

图8-39

照片上这位开怀大笑的年轻人名叫陶宏,他是著名教育家陶行知的儿子。1950年他任职于北京大学。

孙明经曾编制过一部讲述陶行知一生作为与贡献的影片,1949年作为四人筹办组成员之一,孙明经亲手操办为陶行知举办过隆重的纪念展览会。陶宏本人从小和孙明经熟悉,在自己的校园里见到孙明经,多少往事涌上心头,毕竟已经换了人间,他以这种方式出现在孙明经的镜头里,确实是体现了那个时代中国年轻一代知识分子的心境。

图8-39 1949年孙明经参加筹办的陶行知事迹展巨幅海报。

图8-40

　　北京大学红楼校园内的"民主广场"在中国近现代历史和中国近现代文化史中,都名声赫赫。照片中那座曾名声了得的北大著名"灰楼"的楼门上,可以清晰地看到"民主广场"四个大字。1919年"五四"运动,北大师生勇为先锋,灰楼前的这块大操场就是五月四日大游行的集合出发地。在1947年汹涌澎湃的反饥饿反迫害的学生运动中,为这一广场定名"民主广场"。

　　今天这块曾经是"五四运动"的出发地上已经新建楼房,原址失去原有模样,这幅照片留下了这块中国"新文化运动"圣地的原来模样。

图8-40　1950年10月北京大学"红楼"校园里著名的"民主广场"。

图8—41

  1937年,孙明经先生受命使用电影摄影机和照相机进行包括华东—华北—西北的"万里国情科考调查"。出发前,蔡元培先生在给弟子孙明经的交代中,对红楼校园中的牌楼门和当时的燕京大学校门说过一段很有趣的话:

  "此行,不管你在北平的时间或长或短,你都一定要到红楼校园和燕京校园去把北大校园里的那个牌楼门和燕京大学的正门好好照一照(拍摄)。我在北京大学前前后后、时断时续做过历时十年的校长,期间废除过一些规矩,新建立过一些规矩,把我在北大建立过的所有规矩融合在一起,便只有四个汉字,那就是'兼容并包'。

  你去好好照照,看看你能不能从这个牌楼门身上,从燕京大学的校门上读出'兼容并包'四个字来。"

  1937年6月初从南京出发北上,完成了江苏、山东等地的考察到达北平后,孙明经参加了以顾颉刚为团长、人数多达119人的"西北考察团",于6月30日全团向西进发。蔡元培和蒋梦麟、梅贻琦、李蒸、陆志伟几位学者在孙明经出发前原已议定孙明经9月初完成西北考察活动返程回到北平后,将在北

图8—41 1950年10月,北京大学红楼校园内图书馆前的牌楼。

大、北师大、清华、燕京四校作有关"中国教育电影运动"的学术演讲等活动。

因此，孙明经打算，9月西北考察结束返回北平时，到红楼校园和燕园里好好拍摄、好好阅读红楼校园里的那一座牌楼门和燕京大学的正门。考察团出发不久，七七事变爆发，不仅孙明经的西北考察计划未能全部实现，原打算考察结束返回北平后的打算安排也未能实现。

孙明经后来拿着图8-41这个牌楼的照片请教清华大学建筑系主任梁思成。梁先生告诉他，在北京曾经有过的三百多座牌楼中，这一座牌楼可以讲是大有学问的。

它头重但你不会感到它脚轻，因为它的根基很深；它不用戗柱支撑而能独自傲立挺拔；北京的牌楼多是成双配对，这个牌楼傲然自拔，东、西、南、北四面不依。

治学者，须独立学品，不应北风而南，不应南风而北，此牌楼之直意。

吴贻芳博士1946年是全球唯一一位在联合国宪章上签字的女性，在担任南京金陵女子文理学院院长期间所提倡的"自立、自强、自尊、自我奉献精神"，其所代表的教育品格，可为注释。

圆在中国哲学中意天。

方在中国哲学中意地。

这座牌楼融方圆浑然一体，意包容天地。蔡元培先生主张的"兼容并包"之大气象，皆在其中。

四柱三门，8只圆形石鼓，16面圆的鼓面，三厥方门，从门楣至顶脊一共七重。

四、八、十六、三和七，这五个数字在中国哲学中很有讲究，却一同融在这一座牌楼身上……

说七，代表方向，所谓七就是七斗星。千万年来，生活在北半球的中华先祖们，夜间仰望星空，所有星辰皆移动方位，围绕北斗旋转，唯北斗永远独在正北，千万年来为需要指示方向的人们引导。这座牌楼的结构从门楣至顶脊一共七重……

说三，三意关口、难关、险关和复杂。中国人常说"过三关"或"人生三道坎"或"三思而后行"或"三人行必有吾师焉"乃至"三个臭皮匠顶个诸葛亮"；中国人喜欢九，九音谐久，而三个三就是

图8-42

九,意为做学问要不畏险关、善越险关要肯于持久。

这座牌楼三门、三顶、三道顶脊,层层高去而共成一个九。求学,要遇事三思,不要把问题简单化,肯于一层一层地"过三关"者方能持久。

说四、八、十六,四面八方,八方十六面,哪一个人不生活在四面八方当中?求学问者,做学问者,该时时提醒自己,要有多方面的观察思考,不可以把问题和学问看得简单,更不可简单对待或处理复杂的问题。

牌楼立在校园里,立在图书馆前面,学生老师走过牌楼走进图书馆,或从图书馆出来走回宿舍,或者教室,或者实验室、办公室,天天走,月月走,年年走。走得多了,或有意之间或无意之间的审美,会不会于潜移默化之间,在学子学者们的潜意识之中,种植一种敢于"独立",敢于"自力",敢于"三思",敢于"坚持",或者能够引领方向的品格呢?

此牌楼今已不在,因妨害新建筑的建设而被"有宏大心胸的学者"们拆除。

图8-42 1950年10月北京大学红楼校园内牌楼前的陶宏。刚刚在北大"公主府"校园还开怀大笑的陶宏,站在北大红楼校园内的牌楼面前,表情居然变得如此严肃凝重?

173

1959年12月底
在北京天安门拍摄的
老照片

北京天安门等处雪景

1952年9月,孙明经和夫人吕锦瑷奉调北京中央电影学校,参与北京电影学院的创建。1959年12月底,孙明经正在北京电影学院摄影系讲授《曝光与感光》课程。在电影与照相的摄影中,拍摄雪景时如何正确曝光是摄影学中的一个难点,因为雪景给一般人的感觉是一片雪白。其实,一切雪景都会有丰富的影调与层次以及种种环境关系,尤其是使用黑白胶片拍摄时如果掌握不好,极易造成或曝光过度或曝光不足,对于初学摄影的同学不易掌握。恰在这时北京天降一场大雪,雪还没停孙明经便及时掌握机会,赶到天安门广场拍摄了天安门及天安门广场的雪景,以便为同学们提供可以借鉴的实例范本作参照。

这一组雪景照片,孙明经在拍摄时本来的用途仅为向摄影系同学提供一组拍摄雪景时如何把握正确曝光的参考实例,今天却成为1959年底天安门广场和北京海淀区新街口外大街一组有趣的照片记录。

图9-1为孙明经在教授"曝光掌握与影调控制"课程中使用的关系总表。这个总表,对于摄影爱好者或是对于摄影有研究兴趣的人士,乃至从事摄影教学的专业教师,都会是一份有趣或有用的东西。

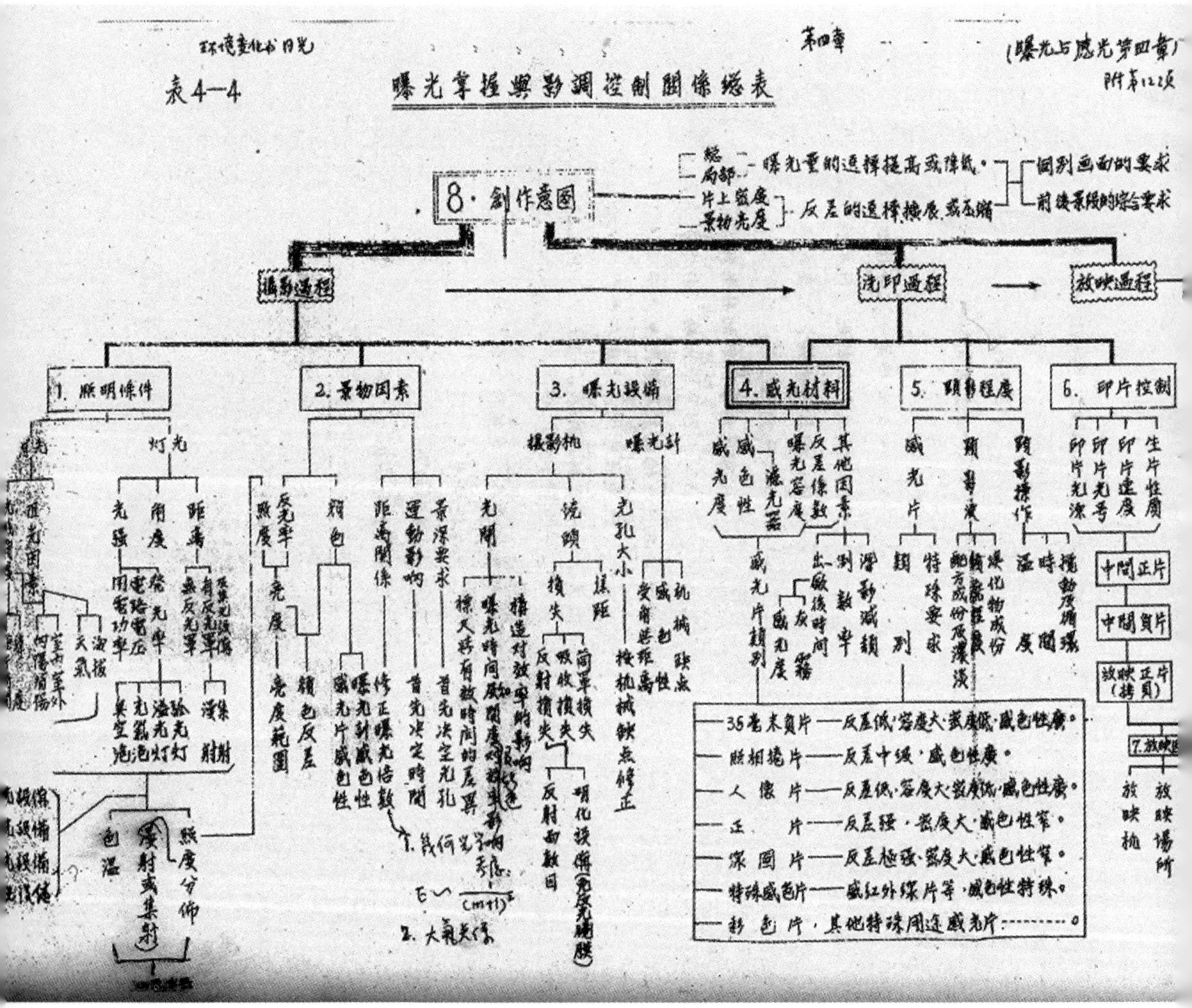

图9—1

1959年12月底在北京天安门拍摄的老照片

天安门及天安门前的天街

图9-2

  在电影摄制中拍摄雪景，往往会有多种环境因素参与，比如在同一个画面中既要表现室内细节，又要表现室外环境。白昼天空降雪时，室外亮度常常会比室内亮度高出几十倍，在不增加辅助光的条件下一旦曝光掌握不好，画面中就会损失很多细节。图9-2为孙明经在从小西天校园赶往天安门的22路公共汽车即将到达天安门前，在行驶中的公交车内拍摄的照片。画面中既可清晰地看到公交车内的很多细节与层次，也可看到天安门和天安门前天街上的很多细节。

  这幅照片很好地表现出对黑白胶片宽容度把握得恰到好处。

图9-3

在这幅照片中已经看不到原来天街两端的长安左门和右门，却可以看到今天天安门前绝对禁止行驶的三轮小卡车和六轮卡车。照片的视野中，在今天高楼大厦林立的东长安街上，当年除了北京饭店的老楼一座楼房外，再也看不到别的高楼。

图9-3为1959年12月底，孙明经在天安门前22路和20路公共汽车站牌下拍摄的天安门。画面中可见端门、天街及部分天安门广场的雪景，天安门前已经看不到长安街左右两座门了，天安门城楼上也不同于今天那样有那一排巨大的灯笼，门洞上也无毛主席巨幅画像。比起1950年，天安门前的天街和广场多了美丽的"华灯"，那年月北京的公共汽车及站牌也与今天很有些不同之处。

图9—4

图9—4 1959年12月底,孙明经在天安门前22路公共汽车站旁拍摄的雪中的人民大会堂。

图9-5

图9-5、9-6　1959年12月底，孙明经站在天安门广场西侧拍摄的天安门及天安门广场上的苏联制造的清雪汽车正在机械化清雪。

　　使用苏式巨型清雪汽车清雪，在当时北京人的眼里显得十分新鲜与"现代"，对于这个当时北京人眼里的庞然大物，孙明经从不同角度多视野拍摄了一组照片。

图9-6

图9-6　1959年12月底孙明经站在天安门广场中间正面拍摄了苏联制造的清雪汽车机械化清雪作业。

图9—7

　　就雪景的拍摄而言，这是一幅很有趣的范作。在没有阳光照射的条件下用黑白胶片拍摄雪景，很容易拍成天地一片灰色，这幅照片，可以看到从全黑到全白以及各种深浅的灰色影调，画面明快悦目，层次丰富细腻，很好地表现出雪景中各种景物的质感与影调关系……

图9—7　1959年12月底孙明经站在天安门广场西侧拍摄雪景中的历史博物馆以及苏联制造的清雪汽车正在机械化清雪。

图9-8

图9-8　1959年12月底孙明经在天安门广场中间拍摄的广场雪景,以及静止的苏联制造的清雪汽车和远景中的人民大会堂……

图9-9

北京电影学院校园门外教工清雪

  1959年12月底，孙明经完成天安门前的雪景拍摄返回北京电影学院校园。当时的校园地处新街口外大街25号，孙明经回到校园门外时正赶上学院部分教职工雪后清除大街路面积雪，于是就拍摄了图9-9这幅教工们清除新外大街积雪的劳动场面。

  照片背景中可以看到远处一左一右两座楼房和锅炉房的大烟筒，那就是1956年刚刚成立的，由钟敬之主持设计的北京电影学院新校园。照片中左边的楼是当时学院的办公楼，也称中楼。学院的党政领导和表导专业以外的各系处的办公室都在这座楼中，背景中靠右的楼是学生宿舍楼。世事变迁，今天这个"地址"已不属于北京电影学院的校园，原来校园中的很多建筑和当时这条街上那个最高的大烟筒已经被拆除另建新楼。照片中的这两座楼却依旧挺立原地，"守护"着那已经消失和远去的"记忆"中的校园。

电影学院民兵太平湖公园雪中操演

1958年全北京市各单位纷纷成立民兵团，北京电影学院成立了民兵团。我国著名摄影大师吴印现任团长，鲁明担任政委，王子贞任参谋长。

当时北京电影学院南有著名的"太平湖公园"，公园内有大面积的树林和面积辽阔的湖面。孙明经从天安门返回校园时，除赶上部分教工们在大街上清除积雪外，还赶上学院后勤教工民兵连持枪到太平湖公园内进行雪地操演，孙明经抓拍了一组照片。20世纪70年代，北京开建地铁工程，原来的整个太平湖公园全境在建设地铁的过程中改建成地铁列车停车场，从此宽广美丽的太平湖公园消失。图9-10这幅照片的左边，可以看到原来浩大的太平湖的一个小角。

图9-10

图9—11

图9—11　1958年以后,北京电影学院的民兵团在整个北京赫赫有名,各式各样的会操、打靶、操演此起彼伏。这幅照片中,北京电影学院后勤教工民兵连正在太平湖公园的树林中荷枪操演林中雪地搜索。

给您讲讲孙明经

小京流影
BEIJING LIUYING
孙明经眼中的老北京

这是一本照片集，刊载了一百多幅北京城有趣的老照片，拍摄这些老照片的摄影者名字叫做孙明经。为了这个原因，笔者不能不为各位读者讲讲和孙明经这个人有关的一些事。

孙明经从1934年大学毕业至1992年去世，前前后后有着丰富的人生经历。其间他兼任过各式各样不同的职务，但"大学教师"却是他自1934年至1992年一天也没有改变过的身份。讲孙明经拍摄照片的事，就不能不讲"大学"。因为，从1934年以后他的一切拍摄活动都是以大学教师的身份进行的。

今天在我们中华大地上从南到北从东到西各式各样的高等院校超过三千所，对于我们这个拥有五千多年文明的古老国度，今天我们所说的"大学"这种学校的样式其实并不是我们祖先们创造的。它们原本并不是"中国货"，对于中国人来讲，"大学"这东西算得上百分之百的舶来品！

我们中国大地上早期的大学，或是洋人一百多年前从外国移植到我们古老国度来的，或是到外国留过洋归来的中国学者前辈们仿着洋人办大学的样式在中国办起来的。

"照片"和"大学"对于咱中国人来讲同样都是舶来品，因此今天我来编这本孙明经分别拍摄于1937年、1950年和1959年的老北京照片集，就不能不从洋人在中国办大学的故事开始说起。

1863年7月3日，一个27岁名叫狄考文的美国小伙子从纽约登上一艘载重仅仅900吨的小海轮，跨大西洋、过好望角在茫茫大海上漂了160天终于到达中国的上海。他们没在上海停步，那个当时和后来吸引着成千上万西方人和各式各样冒险家的花花绿绿的上海没有吸引住他们，他们对于为人类诞生过伟大教育家、思想家孔子和孟子的齐鲁大地怀有特别的向往，在上海没有待多久，便转道来到山东的烟台。

图10-1　郭显德博士

图10-2　狄考文博士

图10-3　路思义

　　这位名叫狄考文的美国博士，刚刚娶了一位美丽的金发女郎，他放弃了在美国做中学校长的机会，带着志同道合的新娘狄朱丽叶和同乡郭显德一起登上那艘载重900吨的小海轮，开始了他为古老中华掀开教育历史全新篇章的历程。

　　狄考文自幼生活在美国宾夕法尼亚州乡下，他心灵手巧，学得一手木匠手艺，还是一个很好的铁匠和机器匠。在他刚刚读中学的时候，听一位老师对他讲了很多有关遥远又神秘的中国的有趣故事，小小年纪，便对中国产生了神往。那位老师告诉狄考文，在神秘古老的中国，很少有人知道上帝的存在，那里的人却千百年崇敬圣人，那里有一片辽阔的土地名叫山东，那里诞生过中国的文圣孔子、亚圣孟子、武圣孙子、书圣王羲之。

　　今天的蓬莱市，当时名叫登州府，距烟台市中心80公里。狄考文和夫人一起在这里找到一座原来名叫"观音堂"的业已荒废的庙院，经过一番收拾建起了一所小小的、完全和我们老祖宗传下来的学校不一样的学校，名叫"蒙养学堂"。他们在这里开始了他为中国开创与国际接轨的"高等教育"事业艰难却有趣的办学经历。

经过18年的艰苦努力，在这所小小的学校的基础上狄考文先办了中学，1882年又办起了大学部，取名"登州文会馆"，这就是我们泱泱中华大地上的第一所高等教育机构。后来到了1902年，在另一位美国教育家路思义等人的努力下，登州文会馆和济南医学院等几所洋人办的大学合并，1908年定名"齐鲁大学"，校址迁到山东济南，这是后话。

对今天的中国人来讲，年轻的学子们年年都要千军万马争过独木桥一样地考大学，今天的中国人谁不知道上大学是大大的好事。可狄考文和他年轻的妻子当年在登州创办大学部那阵子，想要把优秀的年轻中国学子们引进他们的学校却并不容易。在碰到种种难以克服的沟沟坎坎之后，为吸引有志的优秀中国青年上大学，狄考文终于想出一个妙招：

招生的老师在赶集的日子，到集市上摆了三样洋玩意儿：

一是一张招生的老师本人的大幅照片；

二是一具船用单筒高倍望远镜；

三是一架显微镜。

今天这三样东西当然没有什么稀奇，可1882年在地处山东海边的小城登州就大大的不同了。

中国的绘画自古以来或使用线条，或使用线条加颜色来表现。画面中没有影调更没有质感。19世纪中叶的华夏大地上出现了照片这东西，对于第一次见到它的中国年轻人来讲，实在是太神奇了：不仅头发胡子真真切切一丝不差，连脸上的汗毛孔都历历在目，照片上的人看上去居然会和本人一样一样的。

那时登州全城很有本事的人中间也难得找出几个全见过这三样东西的，把长长的圆筒往眼前一放，大海里远远的一个小白点，瞬间就变成一条大大的帆船，连船上的人都看得清清楚楚的。把一根头发丝往那个不知道叫什么的稀奇洋物件里一放，再一看，比压面杠子还粗！试想，这三样东西的奥妙对于一百多年前生活在山东海边小村小镇的年轻人何等神奇。

到了1886年，一个名叫孙熹圣，出生于胶东掖县，村名叫做"槐树里头"的小伙子，被那三样洋物件神奇的科技含量强烈地吸引着。于是，这一年他成为登州文会馆的大学生。在他之后，他的五个弟弟一个姐姐，都先后做了登州文会馆的大学生，成为登州文会馆大学部从1882年成立开始到1952年消失为止，唯一一家七姐弟全做过该校大学生的人家。

话说回来，狄考文到了登州后，对中文和中国文化不仅表现出极度的崇敬热爱，而且在学习的过程中表现出极大的天赋与勤奋。到达登州不久，在连英汉字典都没有的情况下，他借助一部英日词典和聘请的日籍教师的帮助，迅速掌握中文的听说读写。短短几年工夫不仅全部"三字经"朗朗上口，一字不错，他给学生讲课时对孔孟之道也常常引经据典，对被称为"四书"的《大学》《中庸》《论语》和《孟子》如数家珍。到1882年大学部正式开办时，狄考文已经是一位汉学学养深厚的地地道道的中国通了。

1882年在中国开办大学，头一个碰到的问题就是教材。当时全世界也找不到一本适合在中国运用的并且学术水准达到欧美一流"大学"水平的中文大学教材或教科书，狄考文从自己培养出的中学毕业生中寻找助手，一边创建大学课程，一边创建学术水准与当时世界接轨的最早的中文大学教材。

从无到有创建几十门大学课程和全套中文教材谈何容易。在这一漫漫过程中，一些让自己得意的学生，逐步成为他的助手。孙熹圣的勤奋好学与学业优秀，渐渐得到狄考文等中外教师们的赞赏。狄考文一步步把孙熹圣也当做助手中的一个，这也是后话。

在登州文会馆里，孙熹圣遇到了一个让他不能不倾心关注的女孩。

就在那个校园里，一幅洋人学者拍摄于北京远郊山巅的长城照片，成为一个奇妙的媒介，在当时中国传统礼教最严格的齐鲁大地上，催生出一段无须"父母之命媒妁之言"的自由恋爱并终成眷属的传奇姻缘。那是19世纪的80年代，整个胶东乃至全中国的汉族女人，人人裹着一双小脚，那时一遇天刮大风女人们走路就必须扶着路边的墙走，望眼登州，全城仅仅一个汉族女人走路不用扶墙，这女孩便是孙熹圣在登州文会馆的女同学，名字叫做隋心慈。

千百年来的中华民俗，在汉民族中造就了畸形的"女俗"，"男尊女卑""心俗"的发展，导致在"家"的构成中，男人唯恐女性拥有知识会动摇男人在"家"中的权威与主宰地位，士阶层对女性提出了极不人道的需求，建立了娶妻的畸形标准——女子无才便是德，造就了多少代"文盲淑女"。她们出自名门，她们贤惠可人，她们端庄美貌，她们德厚久传……然而她们是文盲、是男人的附属、是男人的性工具和生殖工具，甚至她们都不允许有属于自

图10—4

己的健康的双脚——多少年来,汉族女人们仅仅被允许有一双被残酷地"裹过的"残疾的"小脚"……

　　隋心慈不仅长着一双大脚天足,而且面相喜人身材苗条,她在人前也不像当时一般闺中女孩那样羞羞答答不敢正面看人,若有人看她,她便会大大方方和人对视,这在当时号称"礼仪之邦"的齐鲁大地也几乎绝无仅有。

　　隋心慈的父母双双早亡,心地善良的姑母姑父把她带大。她和表哥表弟相伴成长,爬墙、上树、上房顶、"老鹰捉小鸡"、"官兵抓强盗"、"藏猫猫"这些一百多年前胶东老家小男孩们的游戏中,在表哥表弟们中间,总也少不了隋心慈的份儿。姑母姑父自家

图10—4　1898年的登州文会馆(*此照片现存美国耶鲁大学神学院图书馆*)。

没有女孩，几位表哥表弟便成为隋心慈幼年仅有的玩伴。小小年纪的隋心慈，偏偏老天爷让她生了副矫健的身段，爬墙、上房顶、爬树，从来不输于表哥表弟们。转眼隋心慈长到了七岁，按当时老家的规矩和老理儿，女娃到了这个年纪，便是人生的一个门槛，日子过得"小康"水平的人家，便会给女娃娃一个"闺房"，从此就是亲兄弟姐妹之间也要"男女有别"起来。进闺房的礼数当中，有一条今天看来极为残酷的规矩——裹脚！那一天到来时，族中年长的女人们不由分说一起动手，有的把女娃娃紧紧抱在怀里，有的拿出两条长各一丈有余的白布条，分别把女娃娃的两脚结结实实地使劲裹起来，不仅裹得脚上血脉不通，还要把十个脚趾全裹到脚掌底下，才能裹出一双达到标准的"美丽"小脚。这一过程对于一个健康的人来讲那实实在在是太痛苦了，裹脚的过程中不论女娃娃多么痛苦，是叫是哭还是闹，一群族中年长的女人们为着女娃有个"好前程"也绝对不会手软。

那时的规矩，每到赶集的日子，十里八村的小媳妇们每人一个小板凳，顺着集市小镇的正街，一溜坐在街边排开，每人把一双小脚向街中伸出，那一双双小脚上，穿着一双双绣着各色精巧花样的小鞋，小媳妇们也是三五搭伴坐在一起，一边又说又笑，一边对各自脚上的小鞋或品评或挑毛病，一边各自手里绣着各自新的小鞋的鞋面。老人们传下规矩，把这叫做"赛脚汇"，也有老辈儿人说这叫老辈儿传下来的"晒脚会"。每月到了赶集的日子，在小媳妇们热热闹闹"晒脚"时，各式男男女女们，在赶集之余也会三五成伙地沿着集市的正街边走边对沿街一溜排开的一双双小脚和脚上那各色做工精美的小鞋或赞叹或不以为然……

一百多年前的胶东，"小康"以上的汉族人家，对于家中女人的脚十分看重，若哪家出了一个脚稍稍大一些的女人，便会被外姓的人们嘲笑。因此，那时一般"小康"人家，女儿还很小时，做妈妈的、做姥姥的便会天天给女儿或外孙女讲述各式各样关于女人因为从小没有好好裹脚，结果因为脚比别的女人大而遭遇悲惨命运的故事，也会讲述某朝某代某村一个女娃娃因为脚很小而得到美好姻缘人生幸福美满的故事。到了隋心慈入"闺房"的那天，族中几位年长女人一进门不容分说，一把抓住她抱起来就要裹脚，从小和表哥表弟疯跑惯了的她哪能愿意，她使劲挣扎，女人们费了极大努力才把她按住，开始隋心慈闹得天翻地覆，她痛苦的叫声隔两条街都能听到。她希望姑母会来救自己，她希望表哥表弟们会来救自己。然而不论她叫得怎么痛苦凄惨，不仅姑母和表哥表弟都没有来救自己，为她裹脚的年长女人们的手裹起脚来反而一圈比一圈更加用力。终于脚裹完了，隋心慈下地一站，只觉自己的脚痛得钻心。想到自己从此只能一天天如此地活下去，再看看那几个得意的年长女人们，她想到了"生不如死"这四个字。这回她不再叫了，她已经明白叫和反抗都没用处，年纪小小的她，忍着钻心的痛爬到自己的床上，她强迫自己躺下，从此再不起来。

一天天过去，她不仅不吃也不喝，连厕所也不上，任屎尿流出也不下床。开始姑母没有在意，三天后，姑父觉得不对劲了，姑母也着起急来，到第五天，隋心慈已经变得昏昏迷迷不省人事，姑父姑母心软了。姑父对姑母说："从小没了亲爹亲娘，可怜巴巴活欢欢的一个娃娃，就由她吧，不是咱亲生，就这么没了，怕对不起你哥哥嫂嫂在天之灵吧。日后脚大就脚大吧，嫁不出去也怪不得我们了，有人对我们说三道四，就由人说去吧。"姑母流着泪解开已经昏迷过去的隋心慈双脚上的裹脚布，用一大盆热水洗去她身上的污物。说也怪，已经昏迷过去的娃娃，当姑母把她从水盆里抱出来放到床上时，她睁开了眼睛说了一句话："还给我裹脚不姑姑？"姑姑回答她："不裹了，由你自己吧，裹不裹都由你自己。"从此，我们胶东老家方圆一二百里，就真出了这么一位秀秀气气的大脚女娃娃。

隋心慈不仅从小没有裹脚，成了方圆一二百里唯一的汉族大脚丫头，而且她还坚持不肯学做女红说死说活要读书。姑父姑母已经容了她一回，这回又由着她了。一旦坐在书桌前，书里的大千世界，一下紧紧地抓住她的心，从此她对读书来了疯狂的兴趣。当时老家一般小康人家的女娃娃的兴趣都在针线女红上边，邻里要是夸奖赞美女娃娃总会从谁家的女娃娃针线活做得好说起，然后说到谁家的女娃娃绣的小鞋鞋面绣得精彩，最后便会从小鞋进而赞叹那女娃娃的一双小脚如何娇小玲珑惹人怜爱。隋心慈自然在这方面没得让人夸奖赞美的地方，但她知书悉文，写得一手好字，没法子和同龄的女娃娃们比谁的脚小，谁的鞋面绣得精彩，她只能和表哥表弟们比谁的字写得好了，这给儿时的隋心慈带来很多快乐，因为她的字写得实在是好。

好景不长，十岁那年，表哥表弟去了邻村一家富户人家的家馆陪读去了。老家那时的富户人家会在自家家里设置家馆，除了自家子弟外，同姓子弟可以去为主家子弟免费陪读，一般陪读仅限于男娃。这一年，邻村有位富户人家，从外埠请来大有学问的先生在家里新设了家馆，隋心慈的表哥表弟们沾了是同族隋姓人家的光，便都去了那富户人家陪读。那家主人是位船主，又是大家庭，亲兄弟多，家里有十几条三条桅杆的海船，几位亲兄弟都出过远门见过大世面，家里的太太多，所以儿女也多，他家的女娃娃和男娃一样是要读书上学的。每天天一亮，表哥表弟们便早早奔向邻村，天大晚了才回来。在家孤零零一天的隋心慈，到了晚上看到表哥表弟陪读回家，少不了会去问长问短，当听到表哥和她讲起富户人家的女娃娃都在家馆里读书的情形后，第二天天不亮她就跑到邻村，等那设了家馆的人家院子大门一开，便跑进去找当家的主人恳求让自己和表哥表弟一起来陪读。那家的当家主人为人开明，去过东洋下过南洋，见过世面而且待人随和，信奉"和气生财"，见到一个小姑娘对自己彬彬有礼，言辞恳切，要求的仅仅是到家馆中来陪读，便拿过纸笔让她写几个字给自己看看。写字本是隋心慈最喜好的拿手好戏，于是提笔就写，楷书写得规规矩矩横平竖直，这让主人十分高兴。他端详着隋心慈写的字，心里忽有所思，急忙命家人把自家各房女娃集合到正厅，让隋心慈当着众女娃的面挥毫写了一幅大字和一篇小字，隋姑娘不仅没有怯场，反而来了一股劲头，一挥而就，写得的确字字精彩。主人于是指着她刚刚写好的字对自家各房女娃说道："你们看，这位隋家姑娘，虽然家境不如我们，家里请不起先生日日教导，可她自知读书于人可贵，常言字如其人，可见她对读书习文的用心。从今日起，我留这位隋家姑娘在家馆给你们陪读，为你们做个榜样……"就这样，隋心慈从此得到了学识了得的先生教导。

几年很快过去，隋心慈已出落成一个有模有样的姑娘，而且学业小成。

这位当年的隋家大脚姑娘就是笔者的奶奶。

我第一次见到奶奶是1947年。

1946年，联合国教科文组织成立。次年，父亲受聘成为第一届联教组织中国委员会委员。而且和陈礼江、顾毓琇、黎锦熙、顾颉刚五人，一起成为联教组织大众传播委员会中国委员。

1947年，联合国教科文大众传播委员会成立的当年，计划拍摄一部反映二战之后我们的世界的大型专题电影。父亲作为联合国教科文组织的中国委员，受命参加拍摄这部大作品的中国部分。

这一年的秋天，父亲带我去了山东。他此行要做两件事。一是为这部大作品山东部分做文字上的准备，因为山东是孔孟的故土，齐鲁大地被当时的中国文化人看成中华文化的重地。二是看望他久别的母亲。

在济南，我第一次见到了奶奶。

图10—5

奶奶上一次见到父亲是1936年，没想到1937年抗日战争一打八年，母子一别竟是十一年。这回不仅儿子回来了，还带回一个孙子来！我们一进奶奶的门，奶奶一眼看见爸爸，高兴得好久没说出话来。

奶奶对我特别亲。她对我和当时的很多老奶奶对孙子的态度完全不同，她25岁时就做了校长，她受她老师的影响较深，对我这么大的孩子，完全用一种平等的态度。这使得我在奶奶面前什么话都可以说出来。

奶奶给我看她和爷爷的照片，我以前看过的爷爷照片，都是长着大胡子的。在奶奶家里，我第一次看到爷爷年轻时的照片。

当时我刚刚六岁，像所有孩子一样天真好奇。看着照片上年轻的爷爷奶奶，我问奶奶："你怎么会和爷爷结婚的？"

听我一问，奶奶笑了，笑得特别开心。都过去六十多年了，只要一想起奶奶，出现在我眼前的就是那一回她笑得那么开心的样子："因为一张长城的照片。就因为这张长城的照片我嫁给了你爷爷。"

"为了一张长城的照片？为什么为了长城的照片你就会和爷爷结婚呢？"

"你这么小就想听这种事？"

"不是我想听，是我不明白，为什么为了长城的照片你就会和爷爷结婚呢？长城我知道，《义勇军进行曲》里有长城、老师在学校也讲过长城、外婆还讲过孟姜女哭长城的故事，但是……"

"那我就给你讲讲奶奶的故事吧。"

下面就是奶奶讲述的她自己的故事，具体文字是笔者把记忆和史料中找到的东西混合在一起写出的：

我很小的时候，父母都去世了，我从小是姑姑带大的。因为我从小没爹没娘，姑姑就特别疼爱我。在我小的时候，在咱们老家，女娃娃一长到七岁就要开始裹脚。我从小在姑姑家和表哥们一起长大的，上树爬墙疯跑惯了，一裹脚，脚特别疼，别说走路难受脚一沾地都觉得钻心的痛，更别说跑了。我说什么也不让裹，我先大哭大闹，然后不吃不喝。姑姑不忍心也就停了给我裹脚。在咱们老家汉族女人那年月还要比谁的脚小呢，逢到过年过节，在咱们家乡的集上还专门有赛脚会呢，年轻的小媳妇们在镇上正街的路边上，每人坐个小板凳，把脚伸出来，比谁的脚小，比谁小脚上的小鞋做得漂亮、做工好。现在想想那情景也是怪好玩的。有好多闲汉，闲得没事，专爱搭帮结伴地来看小脚，一边看还一边品评

图10-5　笔者的爷爷孙熹圣老年时为自己自拍的标准照。

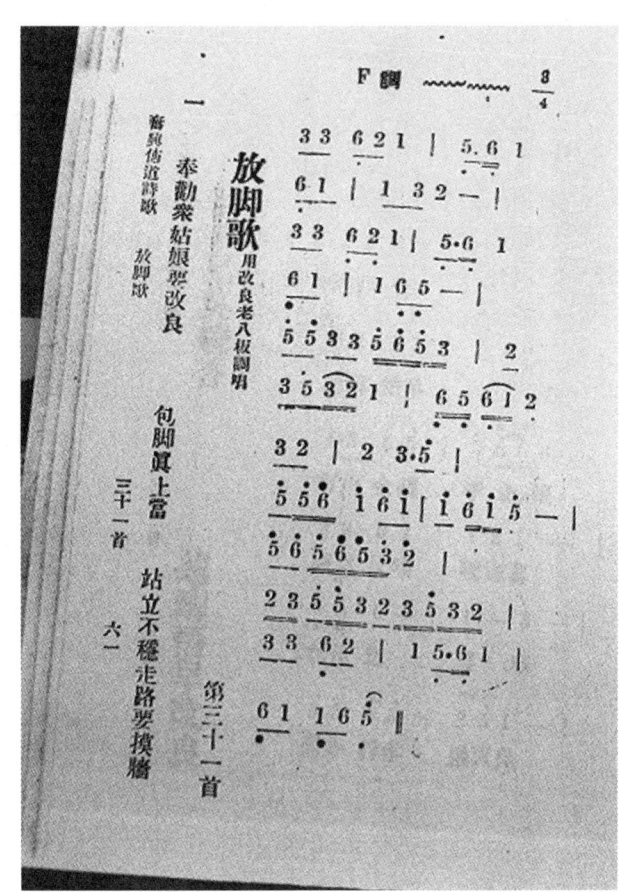

图10-6

议论。14岁那年,我已长成一个大姑娘,在学堂里上学。那时虽然淘气,但在功课上还是很勤奋的。有一天老师留了一道题,叫《品头论足》让大家发挥,写一篇文章。我想起集上的赛脚会,正好第二天有集,我就赶去看赛脚会,想在《品头论足》中把赛小脚好好论一论。

谁也想不到,一到了集上,一群闲汉们都跟上了我,吵吵闹闹地叫嚷着:"快看大脚呀!快看大脚呀!"

图10-6　1910至1924年在无声电影时代孙熹圣创作的100首"电影歌曲"之第三十一首《放脚歌》。

图10—7

　　一开始我还不在乎,可后来跟着看的人越来越多,再到后来把我围在中间。围的人越来越多,我想走都走不出去了,又急又羞我只能低着头直流眼泪。看热闹的闲汉们反而更高兴了,评着、论着、叫着、笑着,全不管我有多难受。突然我听有个人大叫了一声:"闪开道,叫人家姑娘回家!"就觉着手被人一把拉住,那人一边拉着我往人圈外边走,一边推开了一条道,把我送到镇口上。这人是谁我不知道,当时只敢低着头,不敢抬起头正着脸去看他的脸,看见他穿的裤子和褂子只隐约地觉着他很年轻,穿着打扮像个读书人。

　　他把我送到镇口就回去了,我没敢问他是谁,也没敢回过头去看他,紧着脚步往家里跑去。

　　我十六岁那年,有人到学堂来说洋人在登州城办了洋学堂,名叫"登州文会

图10—7　1901年1月1日奶奶设计出自拍照片的方法用没有快门的相机自拍了和爷爷的合影。

馆",还办了大学部,教天文地理、教唱歌跳舞、教赛跑赛跳,还有洋教习教英文,还有洋牧师传洋道,不光能看到中国的地理图形,还能看世界版图。洋学堂招生的人,带了三件稀奇物。一叫西洋千里镜,远处的东西从镜里一看就到了跟前。二叫西洋看小镜,放上根头发从镜里一看有压面棍子那么粗。三叫西洋相片,相片上的人和真人一样一样的。这三样东西,今天在你眼里都不稀奇了,望远镜、显微镜和人像照片,有什么新鲜的,可那是上一个世纪呀,又在咱们老家海边上的小地方,好多有学问的先生都没见过呢。看了这三样东西,又听说洋学堂里新鲜东西还多着呢,我忍不住也没和姑姑说就报了名。

入学考试是做一篇文章,文题自定。

考试那天,开始不知写什么好,不由自主地看了看老师,发现两个老师都正在看我的脚,心中一动,给自己出了一道题——《女人天足论》。

我是如何被录取的内幕我并不知道,等开学那天到洋学堂去一看,才知道我们是"登州文会馆"大学部"备斋"(相当于后来的预科)的学生,而且那一班只有我一个是女生。登州文会馆后来发展成了著名的齐鲁大学。只是觉得这班同学中有一个人好像在什么地方见过似的。

洋学堂中有一位管事的洋人,他是管事,也是教习,还是牧师。开学几个月了,从没听他讲过一句中文,他对你说洋文你听不懂,他就连说带比划不停地说,直到你悟出他的意思"听"明白他说的是什么意思为止。他这样做,逼得同学们的英语学得很快。

有一天早晨,他带我们做早课,同学们向他鞠躬之后刚刚坐下,谁也没有想到,他用中文说了一句:"请同学们站起来。"大家很吃惊,你看我,我看你,谁也不知道发生了什么事。他说:"几个月了,从来都是你们给我鞠躬,而今天我要向各位真诚地鞠一次躬。"他双手抱肩,用他在向耶稣礼拜时的那份真诚向我们这些中国学生深深地鞠了一躬。这让我们大家不知如何是好。洋教习对我们说:"昨天我收到我最好的朋友从京城带来的礼物,是他在京城外的一座山顶上拍的照片,在望不到边的群山中,有一个同样望不到边的伟大建筑,朋友告诉我,这个建筑叫长城。他用12页信纸来向我表达,长城带给他的震撼,他说他不能不重新认识这个自己正生活在其中的、创造了长城这样的奇迹的民族。他还说,沿着长城走不到十步,你就无法不被它的伟大惊得目瞪口呆,而长城居然有一万里那么长!"

图10-8

图10-8 2005年6月经文化部批准立项,中华民族文化促进会组织专家历时半年从全球华人在整个20世纪一百年间拍摄的摄影作品中,评选出160幅照片命名为"20世纪华人摄影经典作品",奶奶1901年1月1日自拍的和爷爷的合影入选为002号。上图为颁发给奶奶的"20世纪华人摄影经典作品"002号奖牌的正反面。

第二天正好是周末，每个周末下午都是演讲课。每一个同学必须到台上去当众发表演讲，题目和内容，每一个人都可以自定，要求要把一周内学到的知识尽可能地融进演讲之中，还要求尽可能把学过的英文词汇用上去。这种演讲十分有趣，常常哪一个同学加了一句用词不当的英语，就会引起哄堂大笑。这一天头一个上台的同学正是孙熹圣，从开学头一天起，我总有一种感觉，以前在什么地方遇到过他，可总也想不出来。这一天他一上台就好像十分激动，他用英文报告了他的讲题，大家都没有听明白，他只好又用中文说了一遍。原来他的演讲题目叫"身为修建了长城的民族必当自强！"

他讲得十分热烈，大家都不断鼓掌。他讲得真的十分精彩。

当时我们每一个人在星期天都必须写一篇周记，不许写流水账，要有述有议，要有指而发，而且文章必须尽可能多地用英文，不会用英文的地方可以用中文"填空"。到了周一，把所有同学的周记都钉在教室墙上，所有的同学一起和老师共同评议打分。

在上一周的英语课中，刚刚学了挖苦和指责的句型，所以我觉得在这一周的周记中应该运用一下。挖苦什么呢？指责什么呢？在我写周记时，不知怎么一下想起了孙熹圣讲长城时那热烈激动的样子。我突然想，他并没有见过真的长城，只不过看了一张长城的照片，居然说了那么多长城，而且说得那么热烈！好像他在长城上住过两辈子似的。于是我用挖苦的句型写了一篇周记，标题叫做"有感于孙熹圣言长城"。文章的内容主要是讲一个从没见过长城的人，讲起长城来那么昂扬、那么激烈，让人以为他是一个刚刚从长城考察归来的人呢。

当时班上只有我一个女生，有几个男同学为了讨好我，在评议周记时都说我的周记写得好。更没想到的是，洋教习也实实在在地把这篇周记夸了一回，特别说我的挖苦句型用得正到好处。这一下你爷爷可不好受了，一连多少天连看都不看我一眼。更让人想不到的是，这一年的暑假，他一个人独自去了长城，他用了两个月的时间，先坐船到了山海关再从山海关出发，沿着长城一直走过了张家口，再走进了山西省，又从山西的大同往北走，他还走进了大草原和沙漠中，看到了已被黄沙埋没了的古老长城。他这一路，有时坐马车，有时雇个毛驴，更多的时间是跟着商人的骆驼队走，白坐人家的骆驼，也有的时候就只能自己独自步行了。

开学之后，他黑黑的像变了一个人，大家都知道他暑假出门了，并没有人知道他去考察了长城。那时并没有现在这样规模的图书馆，在济南有一处叫藏书阁的地方存了很多书。他又用年节或假期奔济南找书看。过了两年，那天是放冬假前的最后一天，刚刚公布完成绩，他是头一名。下课了，他走到我的位子前，对我说："两年前，你写了一篇十分出众的周记，除我之外，当时教习和所有同学都说了很多赞美的话，那篇周记通篇讲的是我，也是为我有感而发，我不能没有一个回答。其实，我当天晚上就写了一篇文章，题目叫'为言长城致隋心慈书'。第二天早晨自己又读了一遍，觉得文章无骨，你周记言我未见过长城而言长城之兴奋与激烈实为荒诞，那么，在我亲见长城之前，我对你说什么也都是无力的！所以，我去了长城，又用两年时间遍寻可查之书，终于在昨晚写完了这篇自己也说不清该算什么的文章，文题没有变，依旧叫'为言长城致隋心慈书'，只是也把两年前的那篇同名文章附在了篇首。

只记得那个冬天奇冷，说不清为了什么，自从看了孙熹圣写的那文章之后，我自己干什么都没心了。说是一篇文章，其实是一本很厚的、用了两年时间才写成的书。

有记述，记他为什么去考据长城，记他如何从父亲处要到银两，如何坐船到秦皇岛，如何头一次在山海关见到长城，如何被潮水一般涌向孟女庙的女人们礼拜孟女时的那份真诚所震撼，记述他在小小的孟女庙第一次看到女人们五体投地地向孟女投服而拜时，居然很多女人把额头在地上碰出了血来。

孟姜女是什么人，你爷爷在正史书中寻了两年没有寻到，只在野史和杂学书中有一个故事讲孟姜女千里寻夫不得，大悲而泣，泪如洪水，泪的洪水居然冲倒了八百里长城！

你爷爷问了那些五体投地朝拜孟女的女人："你们拜得这么真诚，连头都在地上碰出血了，你们求什么？"回答很简单："保佑男人平安！""保佑儿子孙子平安！"

女人们有的走了几十里，有的走了几百里，有的走了上千里；有很富裕的女人，跟着十几个家丁仆妇，有很穷的，献的贡果只是刚刚讨来的半碗剩面。

那一天你爷爷被天下女人爱男人的心震惊了！

原来自古女人们都恨长城呀！生生编造出了一个史中确无的女人做神，生生编出了一个女人可以悲泪如洪、悲痛女人的泪可以冲垮那长万里的巨城呀。

长城带给中华民族什么？除了女人们的千年长悲之外，除了那数不清的白骨弄得长城沿途走几天就会碰到一个叫"白骨堆"的地名之外还有什么？

从山海关往西走去，长城的里边也好、外边也好，看不见几棵树，连草也长不旺！为什么？

你爷爷请教过长城边上上年纪的读书人。他们告诉你爷爷:"修长城用了那么多砖从哪里来的,是烧出来的呀!烧砖的柴草从哪里来,可不只能在长城两边的树上草上找嘛。修城这么大的工程得多少人干,能不烧水烧饭?那又得多少柴草?修城的人晚上睡觉,地上多少得铺垫点柴草吧。"这也用柴草,那也用柴草,能不连根都挖了!"

长城两边天也茫茫地也茫茫,风把沙子吹过来,有的地方连长城也埋住了……

后来你爷爷自己创立了一个学说——说咱们中华文化,不单单是黄河文化,而是黄河文化和城文化的混合文化。世界上,只有咱们中国人,用了那么多的时间和那么多的财力与生命,修过这么多的城!

战国时代各国都修城,可哪国也没挡住秦国。

自秦之后,汉代也修,南北朝也修,隋唐也修,五代十国也修,宋、明也修。可契丹人该来的时候就来了,蒙古人该来的时候照样来了,满族要进关时照样进关……

世界上也只有咱们中国人这么没完没了地把众多生命、财力、聪明与智慧全用来修了两千多年的城!

以前,每一次的周记,你爷爷的文章都引起过我的注意。他的文章虽然写得很有文采,我不过一读而过,最多再评说几句,从来没有像这个冬天,天天捧在手里,看过来又看过去,精彩的地方还会情不自禁地念诵起来。看这本书我流了很多眼泪,只为了我的一篇周记,只为了我练习一下挖苦的句型,他居然沿着长城走了两个多月!而且历时两年穷追不舍,在书海中寻求。在学识中创自己的建树,不守故人见识,也不为自己辩解。他当初那么热烈那么激昂地从洋人照片中演发出对长城的赞美,而此时却从自己的考据中感受到两千多年岁月中,长城让中国的女人流了多少泪,这泪多得如同洪水,可以冲垮一切呀!

每一次合上书,你爷爷的样子就会浮现在眼前。就在开学前的两天,那日合上书,你爷爷的身影又出现在眼前,这时我突然心头一亮,我14岁那次从众闲汉包围中拉着我冲出去送我到镇口的年轻人就是他吧?

开学那天,在众人中,我一眼看见你爷爷就冲过去,到了跟前,刚想说话,话还没说出来,自己的脸先发起烧来。就是那一天,我在心里对自己说:我嫁人就该嫁给他。就这样,就是为了那一张长城的照片开始的故事,后来我嫁给了你爷爷……

图10—9

图10—9　1918年我的父亲孙明经7岁,他手持初小毕业文凭用奶奶创造的自拍方法,在南京莫愁路汉中堂门前和爷爷孙熹圣自拍合影。

从6岁开始，笔者的心里有了一个想法——那一张我没见过的长城照片和那个我当时还没见过的让中国女人流了两千多年眼泪的长城，和我们家有关系！和我有关系，如果没有那张照片，如果不是为了长城，就不会有我的奶奶和那张长城照片的故事，我的奶奶、爷爷可能会是另外的情状，那我就不会是父亲的儿子了，那么这个世界会有我吗？！

照片和长城从此成为我们家的一个传承。我第一次拿起相机时四岁，见到长城时十四岁……

记忆中第一次听到《义勇军进行曲》是四岁，那时中国还在艰苦地抗战，我们家还住在成都，爸爸每个星期五都会在华西坝的那个很大的广场上放露天电影。这在当时的成都是很大的大事。不仅华西坝的五所大学的师生员工都会来，而且几乎所有的教工们都是举家而来！华西坝的露天电影，每一次放映，观众都会达到万人！父亲自幼爱唱歌，所以在每一次露天放映之前，他都要带领等在那里看电影的人一起唱歌。

上万人一起唱"……把我们的血肉筑成我们新的长城……"在那种天也震撼地也震撼的歌声中，只有四岁的我，在被震撼中记住了长城这两个字。

我问妈妈什么是长城，我记得那一次父亲和母亲争了起来。

我记得父亲和母亲为了给我讲长城，他们争过很多次。我记忆中一想到长城，就会想起那万人震天震地的"……把我们的血肉筑成我们新的长城……"的歌声，也会想起父亲母亲争来争去争了几十年没有争完的话题。

让我讲一段母亲的照片与长城的故事：

父亲祖籍是山东掖县，而母亲祖籍是山西交城。

山西省有一个著名的中学叫铭贤中学，地处山西太谷县。

太谷是一座十分奇特的城市，有人评说——这里的风水特别让财神爷喜欢。

自隋唐以来的一千多年里，中国历代遍布全国的钱庄银号的老板，太多太多和太谷有关。这里是一块孕育银行家的土地，太谷的城里城外，到处布满中国晋商造型特有的城堡。

孔家便是这太谷城中的头等大富户。孔先生当时是孔门长子，不

图10—10

仅重振家业,后来还做了"调度天下钱财"的官员。

我的外祖父是铭贤中学开办时的早期学生。中学毕业的那一天,孔先生做了演讲,他讲了一句让外祖父终生不忘的话,这句话叫"众志成城"。

孔先生说:"你们是我们太谷县造就的'洋'中学学生。从1840年开始,洋人就用洋船洋炮来打我们,占我国土,逼我赔款。中国要自强,必把洋人之长学为我用。你们现在毕业了,从商可致富,做官可光宗耀祖。而我想给各位

图10—10 1947年10月,我的爸爸妈妈结婚十周年纪念日,在十年前爸爸妈妈结婚的小礼拜堂前我们全家九口人自拍全家福,前排正中是当时7岁的我,前排左二戴眼镜者是奶奶孙隋心慈。

图10-11

先深深地鞠躬。我想恳请各位毕业之后，一不从商，二不做官。经过十年寒窗之苦，不从商不做官做什么呢？我恳请各位回到各自的村子里去做教人读书的先生。不是做过去那种教四书五经、教金石、教老庄、教琴棋书画的先生，而是把你们学到的西洋学问，天文地理、代数几何、英文哲学在这晋中大地传播，让晋中的子弟以后每年有成百成千的有为青年可以到太原、到北平、到南京、到上海、到英国、到美国、到德国、到世界所有教育发达的城市和国家去读最好的洋人办的大学堂。

图10-11　1942年开始，父亲每周五晚上都会在成都华西坝华西大学校园广场放映露天电影，观众多达万人，放映前，父亲会带领观众一起高唱"义勇军进行曲"——照片为露天电影的银幕与观众。

讲众志成城！可是现在在咱们晋中这么大一片土地上，只有各位这不多的青年学了新的知识，只靠各位不多的人是成不了城的，那怎么办？我恳请你们去做中华民族未来那伟大的新的长城的基石。基石是埋在地下的，是一般人看不到的，但是一切明事理的人都知道，城是必须有基石的！我们的先人早在两千多年以前就建造了一座长达万里的城。任何一个黄帝的子孙，只要站在这长城的脚下，只要亲眼看到长城，都会热血沸腾！都会为自己身为中华儿女而自豪！"

孔先生当时早已不住在太谷，他是为了参加铭县中学这一个班毕业而不远千里赶回太谷的，他在一次演讲中前后三次给这些后学们鞠躬，而且第二天派管家把家里最好的两挂马车套上最快的马，拉上这些从没有远离过家乡的学子们，向北驱车几百里来到长城脚下。当外祖父生平第一次脚踏长城的砖石，遥望无尽的长城时，他被长城的伟大震撼得全身发抖！他对自己发誓："我一定要做中华民族新长城的基石……"

从此，外祖父成了他家乡里头第一所新式小学堂的老师。

孔先生不仅为每一位留在家乡做了新式学堂老师的青年置办了教室桌椅，还为他们每一位亲笔写了两幅字。一幅写的是"众志成城"，另一幅写的是"甘为基石，造我中华新长城。"

母亲儿时，外祖父教她认字，就是从这两幅字开始的！

母亲是在外祖父的学堂里读完小学的。小学毕业那年，她是全乡所有小学堂联考的头一名。

外祖父答应过，母亲要是得了头名就带她去看长城。这一回她真得了头名，不但得到了乡里保送铭贤中学的资格，还得到了美国欧柏林的奖学金。母亲不仅可以不交学费和食宿费在铭贤读完初中，还可以免交学费、食宿费读完北平的贝满中学高中。

外祖父没有食言。

也许从小长到11岁听过太多的长城，也许只有11岁，人的个头太小，母亲后来对我讲，当她第一次站在长城边上时，那古城的雄伟使她激动得很久很久说不出话来。

母亲是以全额奖学金进入北平贝满中学高中的，在贝满她碰到了一位从不说中文的美国籍洋人英文教师。他给自己的学生讲过他为什么会到中国来。他说："大学时的一位教授，曾在中国北京工作过十年，十年的在华经历中给他最深印象的有两件事，一是中国人的贫穷，二是他看到了长城，那是他一生

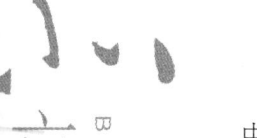

中见过的所有奇迹中给他印象最深的。那位教授爱好照相,他在中国拍了很多照片,他拍的照片中最多的是中国的长城和中国的穷人。那位教授学识巨丰,我最爱听他讲课,他每次讲课都会让学生看他的照片,看他的照片中的长城、看他照片中那令人忘不了的中国穷人。每次听他讲站在长城上的感受时,都激起我对拥有长城的中国无限向往……"

妈妈的这位美国教师和他本人的老师一样不仅爱照相,而且拥有一台相机。他对学生最高的奖励,就是让学生把成绩单拿在胸前,站在校门口为学生拍一幅全身的照片。

这位洋教师还对学生讲,等你们高中毕业时,他对前五名同学的奖励,将是带他们去青龙桥,爬上山去,站在长城上为这五位同学手持奖状拍一幅照片作为奖品。那时从北京城里到长城,并没有专门的路,也没有专门的车,只能从西直门坐火车到青龙桥车站。

在儿时,妈妈家乡的村子里,全村只有一幅照片,就是外祖父在铭贤中学毕业时拍摄的毕业合影。"我家有照片!"儿时在那个地处山西交城名叫陈村的村庄中,全村的娃娃,能说出这句话的,也只有我妈妈和她的姐姐弟弟三个人。也许就因为这个缘故,妈妈从刚刚记事开始就盼着早一天自己也能有一幅真正的照片……

外祖父带妈妈去看长城时,当她站在长城的边上用自己的小手真的触摸到长城那古老的"身体"时,当妈妈终于登上长城,一眼望去看不到长城的边际时,第一次出远门,只有11岁的女娃娃想——要是能在这儿,就在长城上拍一幅照片,把自己和长城都拍到同一张照片上那该多好呀。

这是妈妈少年时的梦……

当妈妈成了北京贝满中学的高中生时,她虽然早已有了自己的照片,但,站在长城上照一幅有自己也有长城的照片,仍然是她的少女梦……

那位洋教师经常拍照,他每一次在校园里拍照时都会发现,那个个子高高的、英文学得最好的学生,会那么兴奋专注地看着他手里的相机。

"你对照相机好像有很大的兴趣?"

妈妈点了点头。

"想试一试吗？"说着那位洋教师已经把相机递到了妈妈的眼前。

后来妈妈说，当自己把相机接在手上时，她兴奋激动得连呼吸都停住了。

那一天，平生第一次从相机的取景器中看到了这个世界，那一天她平生第一次用自己的手指按了照相机的快门，那时她15岁……

也许妈妈的激动与兴奋感动了那位洋教师，也许妈妈出众的学习成绩让这位洋教师觉得该做一次实实在在的鼓励，他对妈妈讲："如果你想自己去拍一次照片的话，你可以用我的相机。"

对于一个15岁的北京女高中生，自己手持相机拍照，在今天的北京人看来，实在是一件太平常的事了。然而对于1927年的一个靠奖学金维持学业和生活，来自西部农村的女中学生，那实在是一件太不寻常的事了。特别是对于我母亲而言，从小在全村只有一张照片的乡村中长起来的女娃娃，能有一幅自己的照片已经是太让人神往的梦！能自己亲手拿着相机想拍什么就拍什么，那真是一件连做梦都没有梦过的事呀。

"你最想拍什么？"当老师把相机放在妈妈手上，看着妈妈激动得连眼睛都往外放光时，洋老师这样问妈妈。

"我特别想拍长城。"妈妈怯怯地回答。

洋教师兴奋起来，他从自己的衣服口袋里掏出银元放在妈妈手上："去买胶卷吧。"

"为什么给我银元？"妈妈问。

"因为我非常高兴听到你回答特别想拍长城。"

当时几乎全中国的知识分子都在大声疾呼——提倡国货！

当时北京所有的中学生大学生几乎都疾呼过——我发誓！我只买国货！

从1900庚子年，八国联军炮轰北京城，接着八国联军在北京城中无恶不作，自从1894年中国北洋水师被日本人打得全军覆没，北京城里满城挂孝一片凄惨的哭声，北京城里的中国人，尤其是读书人，对洋货都有一种发自心底的恨。

那年月中国被称为新一代的知识分子——中学生和大学生，几乎无一不是提倡国货抵制洋货的急先锋！当年只有15岁的妈妈自然也不例外。她跑遍了北京东、西、南、北里外四城的所有国货商店和文具商店，进门就问："请问有没有国货照相胶卷？"让她难过的是，北京这个当时中国北方的最大都会没有一家国货商店里出售国货胶卷！

从一大早出校门，跑了整整一天，天晚了，该回学校了，在走过北京当时最繁华的王府井大街时，他看到了当时北京最大的一家洋人开办的文化用品商店的橱窗上，大字写着"出售各种照相胶卷"的字样。她带着最后的希望推门进去，同样问道："请问有国货的照相胶卷吗？"店员们你看看我我看看你，然后一起笑起来。店员们的笑声传到了后边，店老板听到这笑声好奇地走了出来，这是一家英国人开的店，当这位英国老板问明白是怎么回事时，他也开怀大笑起来，笑完之后，极有风度地走到妈妈面前："小姐，您搞错了，不仅我们这个店里没有贵国的照相胶卷，全世界的商店都不会有的，因为贵国现在还不会制造胶卷，我们店里有英国货、美国货、德国货，您如果想挑选，我十分愿意为您效劳。"

妈妈感到一种从没有过的羞辱，她的脸全红透了，但她克制着自己，她让自己十分礼貌地回答那位洋老板："谢谢，我只想买中国制造的胶卷。"

这一回洋人真的忍不住了，他大笑起来："中国胶卷、中国胶卷，小姐，我们的世界上没有呀！也许在我们活着的时候，都看不到中国货的胶卷的！"

妈妈后来告诉我，这是她从小长到15岁时第一次感到特别想骂人，想狠狠地把那个笑得那么开心的洋人痛骂一顿。但她不会骂人，她从小受到的教育是克己复礼，是仁义理智信。她用自己的全部力气向那洋人高喊："你会看到中国胶卷的！我一定会亲手做出中国的胶卷！"

喊完之后，妈妈扬长而去。那一天晚上她把相机和银元还给了洋教师。面对洋教师十分认真的提问："为什么？为什么你不去拍长城了？"妈妈回答："因为买不到中国造的胶卷。"

"那你完全可以用美国或英国或德国造的胶卷拍呀。"

"不，我只用中国造的胶卷拍长城。"

"可是，并没有中国造的胶卷呀！"

"我会造出来的，我一定会亲手造出来的，我总有一天会用自己亲手造出的中国胶卷拍摄出中国的万里长城给你看的。我会让他看到的！一定会让他看到的！"

"让他？他是谁？"

图10—12

图10—12　1927年至1937年间，中华大地所有城镇都可看到"国货商店"或"国货公司"。在商店内外都可看到"统制经济推销国货复兴民族"的大字标语。这幅照片孙明经1937年6月初拍摄于徐州。

"老板,那个文化用品商店的老板。"

那一夜她没有入睡,也没有和任何人讲话。第二天她请教那位洋人老师:"要想研究制造照相胶卷,大学我该学什么专业?"

"学化学。"

洋人教师当天晚上送给她一本英文书——《居里夫人》……

高中毕业,妈妈被保送南京金陵女子文理学院化学系。这所学院的校长吴贻芳博士,在1946年联合国成立时,成为全球唯一一位在联合国宪章上签字的女性……

第二天,妈妈在自己床边的墙上,贴了一张小小的纸条,小纸条上写着"我一定要亲手造出中国的感光胶片。"

妈妈的大学时代,当时的世界一片刀光血影,1931年日本人抢占了我国的东三省,到处可以听到"我的家在东北松花江上……"的歌声,到处可以看到"平京危急!""华北危急!"的标语。1932年日本人在上海发起淞沪大战要抢占华东……1933年日本人又在长城一线挑起大战企图强占我们的华北……

校园里有人疾呼"打回老家去!还我东三省!"也有人在心里默念"科学救国,读书高于一切"。

妈妈有一个弟弟名叫吕东滨,舅舅受外爷的影响,立志科学救国,又受妈妈的影响,也要做一个化学家。他初中毕业那年,沈阳一所学校建成号称全国最好的化学实验室,第二年他去了东北。那时的科技界有一种说法叫——化学万能论!舅舅到了沈阳,给他的姐姐写过一封信,信上说:我们比赛吧,看谁先用自己造的中国感光胶片拍出长城!

1931年,沈阳的学校刚刚开学没几天,9月18日事件就爆发了。

身为一个中国人,他亲身经历了日军占领沈阳的一幕。

今天的中国青年谁会有身为亡国奴的切肤之痛!

当舅舅必须手持汉奸们签发的"出境"证件才能走进山海关时,当他经过山海关的那短短几分钟时间里,从"亡国奴"又终于感到"此刻才深知何为中国人"时,他长叹一声"今日跨过阴阳界,一关分开两重天"。

在走过山海关后,他给母亲和姐姐写信——此时才更能体味众志成城四个字的分量!此时才更加感到长城的伟大!

1936年舅舅在北平东北大学化学系做学生时参加了共产党，成为学生运动的领袖，他经常用"众志成城"这句话来鼓励大家团结奋斗。

七七事变后党组织安排他回山西太谷县创建太谷抗日游击队。

他曾转战长城一线，他写给母亲和姐姐的信上讲："今天的中国军人，必须以自己的血肉做砖，日军打到哪里，哪里就有中国军人以血肉之躯筑成的新的长城！儿若倒下，便是父亲说过的那句话——做新长城的基石。基石是看不见的，但一切明事理的人都知道，没有基石便不会有长城！"

后来舅舅受命在太行山上建成了中国共产党领导的极有成效的战时工业。1946年他被炸死，他的很多部下成为新中国工业的基干……

1939年，我的母亲27岁，在成都华西大学化学系的实验室里，终于制出了一幅可以感光的散页底片。1940年她终于制出了可以装在相机上实际拍摄的散页底片。妈妈没能用自己造出的"中国人造的第一幅照像底片"去拍摄长城，这是令她抱憾一生的痛事。后来妈妈写过一篇文章，文中有一段说："用自己造出的底片去拍摄长城已经根本不可能，这是让我非常难过的事，因为这正是让我走上研制感光材料之路的原因。幸好当时还有另外一件事占去了我的主要注意力，我们有了自己的第一个儿子（笔者）。我用这幅底片为满月的儿子拍了照片，我把这张照片寄给了正在美国的明经（笔者父亲），明经特别高兴，他把照片给迪斯尼看（著名电影动画大师），迪斯尼看了这张照片说：'你们的两个儿子都很精彩。'明经听了不解地问：'照片上明明只有一个儿子，为什么你说两个，另外一个在哪里？'迪斯尼回答：'照片！难道这幅中国出品的第一幅照片不是你们的儿子吗？'"

1941年地处大后方的四川成都，因为战时物资极度匮乏和日军的物资封锁，使得医用X光片供应断档。华西医院得知妈妈正在研制感光材料，于是拨给专款，让妈妈为医院做一批可供X光诊断用的感光片。当年妈妈不负众望地做出了中国人自己制造的第一批医用X光片。华西医院用妈妈制成的第一幅"中国造"的X光片拍摄的人体骨骼照片，今天存放在美国耶鲁大学神学院图书馆中。

华西大学化学系的主任是一位加拿大的化学家，1941年他感到摄影化学在当时的中国是一个空白，便建议和邀请妈妈在华西大学化学系开设"摄影化学课"，这是中华大地上该学科大学课程的起始……

1941年，父亲在美国筹到一笔捐助款，加上自己的全部家资，参照在美国一年时间的考察成果，比照当时全美国电影、播音、摄影教育水准最好的明尼苏达大学电影、播音、摄影教学器材，在美国购买了全套最新的器材运回国内。1941

图10—13

年的中国，海运已经被日本人全部切断，这批器材通过美国教会运输线能无一损伤地全部运到四川成都，不能不说是一个大奇迹！从此，在抗日战争条件下，在"落后"的中国西部成都和重庆学习电影、摄影、播音的中国大学生，不出国门，在教具和器材方面也能和当时世界水平最高的美国大学生享有同等水平……

母亲终身未能如愿用自己造的胶卷拍摄长城……

1952年中央电影学校成立。父母应命带领金陵大学电影与播音部全部器材（这些器材主要是父亲当年自美国购回的，它们成为中央电

图10—13 1936年暑假，笔者母亲姐弟三人和姥姥在老家祖屋院内由姥姥郭秀卿按快门自拍的《母亲与三子女合影》。
右起：姥姥郭秀卿、大姨吕锦玉、母亲吕锦瑗、舅舅吕东滨。

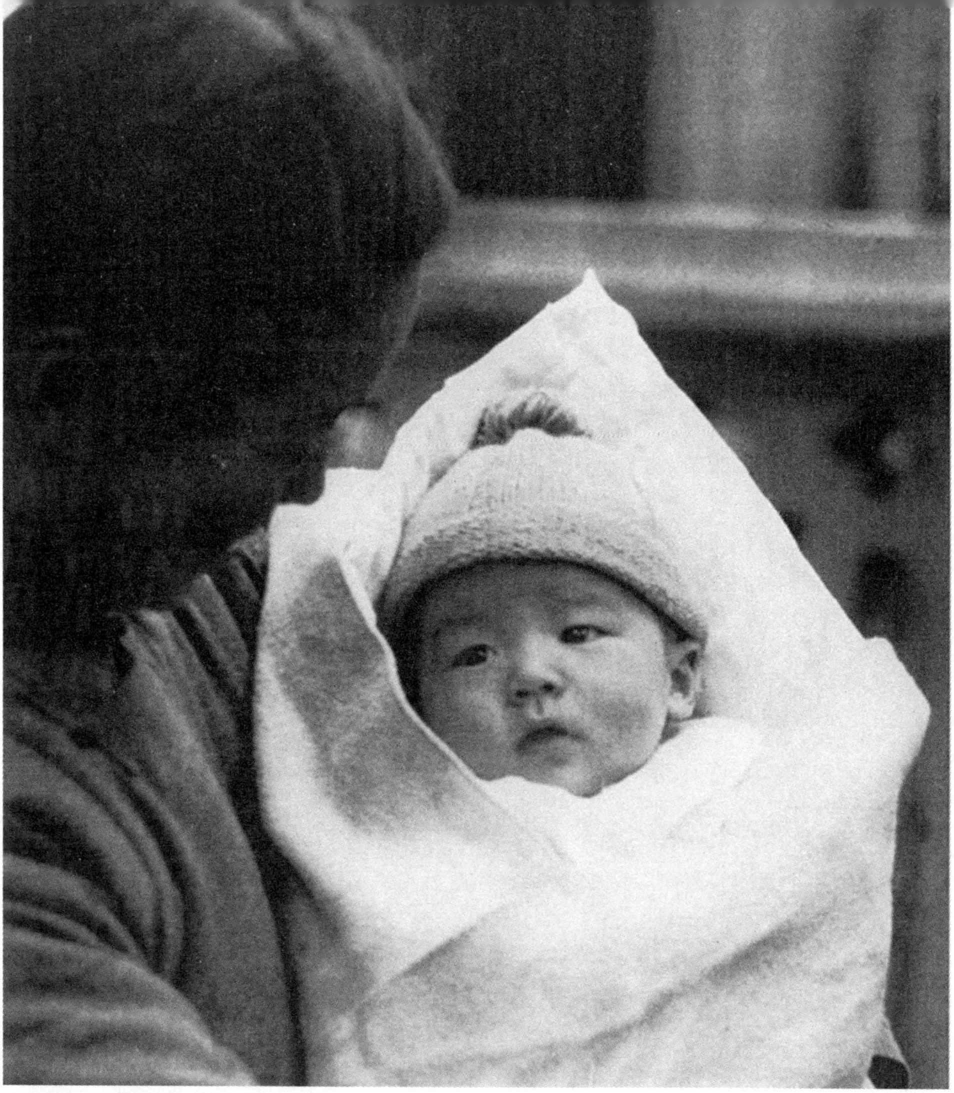

图10—14

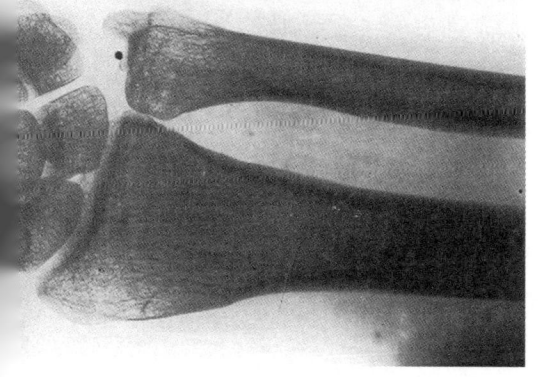

图10—15

图10—14　母亲吕锦瑷1941年2月2日用她研制出的第一批"中国造",可装到相机上实际拍摄的照相底片,自拍了这幅《母与子》。

图10—15　吕锦瑷1941年制成的X光医用感光片拍摄的人体骨骼照片,现存美国耶鲁大学神学院图书馆。

影学校时期和后来的北京电影学院创办初期的主要教具)、部分教师和电影与播音专修科部分未完成学业的学生（其中包括后来做了北京电影学院三届院长的沈嵩生）北上，与另外四个单位合并。

1952年9月，我们全家从南京迁到北京，奶奶一个人坚持留在了南京，那里有很多她曾经做校长时资助过或救助的学生希望她能留在南京。

初到北京，中央电影学校的校园还是一个正在施工的工地，地名叫做"皇姑坟"。不仅校园正在施工，学校的全部课程也要从头创建。妈妈从小是一个非常好强的人，当时的校长白大方和副校长卢梦对她十分器重。学校初建，《电影洗印》一下开设了两个班，一个初级洗印班，一个高级洗印班，全部课程由她负责创建。还有摄影专修班的课程，要和父亲一起创建。一边创建课程，一边培养助教，一边上课，工作量很大。当时母亲正好40岁，从1932年贝满中学高中毕业离开北平，还未满20岁，此时再到北京不仅已经是五个孩子的妈妈，而且已经是中国的首席摄影化学家。

妈妈后来讲，其实，她一天也没有忘记用自己造的胶片拍摄长城的梦。刚刚回到北京，一切都忙，而且觉得已经回到北京了，早晚会有机会的。自己制的底片不太好保存，最好是做出来就去拍，当时又正好缺少这样的机会，特别是当时从我们的家到青龙桥的交通并不容易。

出乎所有人的预料，这样的机会再也没有了。后来，她再有机会去长城时，她已经没有条件自己制作照相底片了。

她的学生有的成了保定胶片厂的工程师、总工；有的成了厦门胶片厂的总工、厂长，她却从40岁之后永远失去了亲手制造感光胶片的机会。

图10—16

图10—17

图10—16 照片中我的奶奶孙隋心慈（前排中），1914年至1927年间在南京进德女校教学楼前和自己的学生们合影，这是一幅有趣的照片，可以看到当时被称为"现代洋学生"的年轻的女学生们却都是"小脚女"，中年的老师孙隋心慈却是"大脚婆"……

图10—17 从图10—16照片放大的局部看，可见20世纪20年代称"现代青年"的"新式女学生"，年轻的女孩子们却都是"小脚女"……

这是一本讲孙明经所拍摄的照片的画册，让我们来简单介绍一下他：孙明经是谁？

中国电影家协会主席李前宽讲："孙明经老师是一位伟大的爱国者！"

孙明经的弟子——我国电影摄影专业第一位博士生导师沙占祥教授讲："孙明经是中国电影高等教育的开山宗师。"

孙明经既是一位科学家、文化人，又是一位教育家和手握电影摄影机与照相机遍旅华夏的文化历史的实证科学考察者。他在34岁之前有过四次行程超万里的用电影与照片拍摄记录的实证考察。他在36岁之前，独立摄制了63部被各方学者称为"十分珍贵"的电影与多达数万幅的实证科考照片。

在四次万里拍摄考察中，1937年6月初在全面抗日战争爆发的前夕，他从南京出发，在全面抗战爆发近一个月的7月底返回南京，对我国华东、华北、西北跨越"七七"事变前后历时将近两个月的考察，是他第一次行程超过万里的考察。1939年6月从重庆出发，12月底返回成都历时160多天的"茶马古道"考察，是他人生经历中一次连续不间断考察用时最多的一次，为我们今天研究和认知"茶马古道"，不仅留下了丰富的动态和静态的影像史料，更为今天和未来如何"用好"珍贵的中华民族的文化财富，留下了宝贵思考。

介绍孙明经让我们从图10-20《国难地图》开始。

我们每一个人从小到大会有很多机会看到我们国家的地图，1936年全中国大中小学教师和学生很多人人手一份的《国难地图》，对今天80岁以下的人来讲，看到过的人就不多了。

1895年日本人从我国抢走台湾后……1931年9月18日，日本人又开始从我国强抢东北三省全境！1932年日本人进攻上海挑起"淞沪大战"！1933年日本人又在长城一线大举进攻……《国难地图》记载了自1879年开始，日本人对我国领土强抢的纪录。1931年、1932年、1933年……日本人逐年加大对我国领土的抢夺和对我同胞的杀戮。至1936年，日本人夺我国土已过百万平方公里，戮我同胞已过百万生命，面对国土沦丧同胞被屠戮，"救亡"成为那年月汉奸以外全体中国教师人人无一不呼的呼号！要救亡，必须"唤起民众"。学界泰斗蔡元培讲："写了书，出版了报纸刊物，可百分之九十的同胞是文盲！"

中国电影高等教育的开山宗师
——忆孙明经

撰写：沙占祥

孙明经先生出身于书香门第，祖籍山东掖县。父亲孙熹圣和母亲隋心慈是中国早期大学生，毕业于著名的齐鲁大学之前身——登州文汇馆大学部。文汇馆大学部初办时为吸引中国学生，大力宣传其独具的三项办学特色：照片、望远镜、显微镜。这三样东西引起孙明经父母的强烈求知兴趣，从而报考了登州文汇馆。

文汇馆的课程中有光学，洋教员在光学课中讲解照相原理，并在其他课程中用照片做教具介绍世界各国风光、人物、国情等内容，从而使孙熹圣、隋心慈对照相产生了很大兴趣。

图10—18

图10—18　本页截图截自中国广播电视出版社2007年出版的《德艺双馨的艺术院校名师》一书及中国电影出版社2006年出版的《时光留影》一书。

面对当时90%的同胞是文盲，要"唤起民众"怎么个唤法？

中国教师们想出一个办法——大范围开展"强迫成年人识字教育"！一时间各式各样的"强迫成年人识字教育"的办法纷纷出炉。请看图10-21当时《南京日报》上的几份剪报，可见当年中国教师们的一片拳拳爱国苦心……

面对当时，一方面日本人加紧侵华步骤，"唤起民众群起救亡"迫在眉睫；另一方面"强迫成年人识字教育"难于一蹴而就快速生效，国难重重之际，到底如何才能"救亡"，成为中国人不能不当成头等大事的大事，一时间各式各样对于实施"强迫成年人识字教育举措"和《国难时期教育方案》的讨论与提议，成为那一时期中国教师们最热议的话题与呐喊……

面对日甚一日的国难，必须找到一种不借助文字并且能大范围高速度大大见效的"唤起民众"的方法，"救亡与电影"以及"用播音"和"用电影唤起民众的方法"被提上日程……

1932年7月8日在中共地下党员郭有守和陈翰笙的发动下，蔡元培担任第一届主席成立了"中国教育电影协会"，内容丰富精彩的"中国教育电影运动"在我国为"救亡"而开启。

1931年，蔡元培和郭有守师生二人，在筹划推动"中国教育电影运动"的过程中发现了自幼立志"要一辈子研究电影"的大学生孙明经。

孙明经的勤奋能干与敬业，得到蔡元培和郭有守两位学界泰斗的赏识，从此视其为弟子和助手。

在学界泰斗们的引领下，孙明经的才华与抱负在"中国教育电影运动"中得到了施展的机会。

在泰斗们的指引下，孙明经不仅拍摄了大量优秀的"教育电影"与"摄影作品"，还成为我国电影高等教育、摄影高等教育、播音高等教育、电视高等教育的第一位专职教师。

在为救亡而兴起的"教育电影运动"中，不论遇到什么样的文

图10-20　截图为1936年《南京日报》上有关当时我国开展强迫成年人识字教育的两份报道的标题。

图10-21　二份剪报为当时《南京日报》有关日军对我国肆无忌惮侵犯的报道标题。

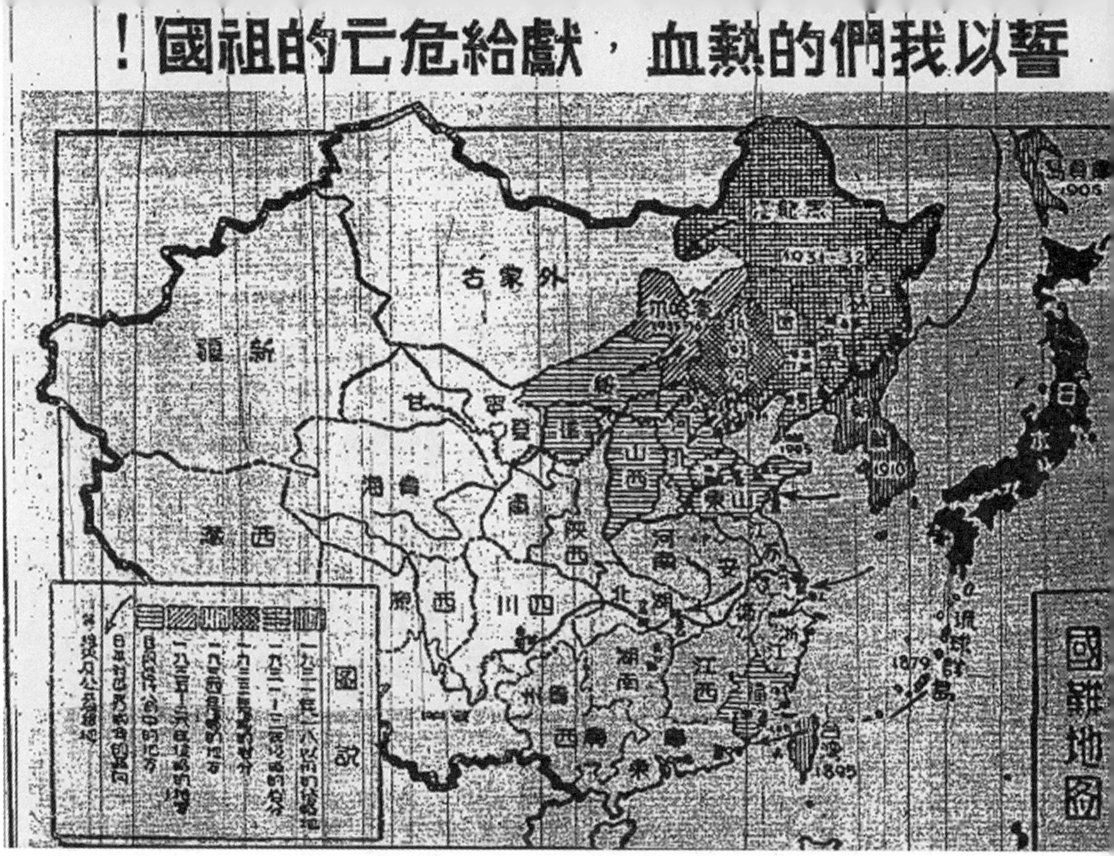

誓以我們的熱血，獻給危亡的祖國！

國難地圖

图10-19

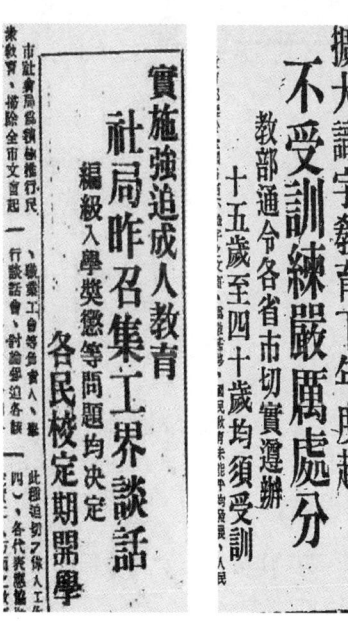

實施強迫成人教育
社局昨召集工界談話

图10-20

擴大識字教育下年度起
不受訓練嚴厲處分

日陸相擴軍計劃
增大駐華兵備預算

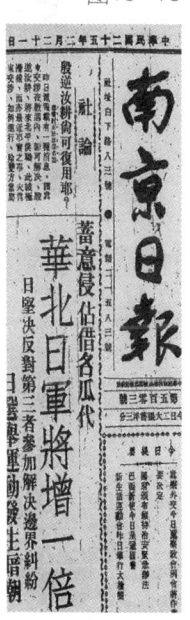

南京日報

華北日軍將增一倍

图10-21

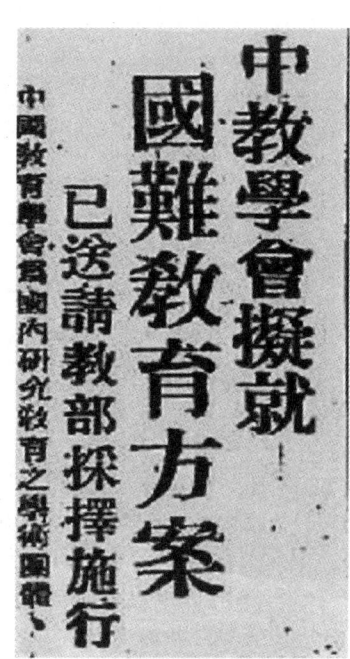 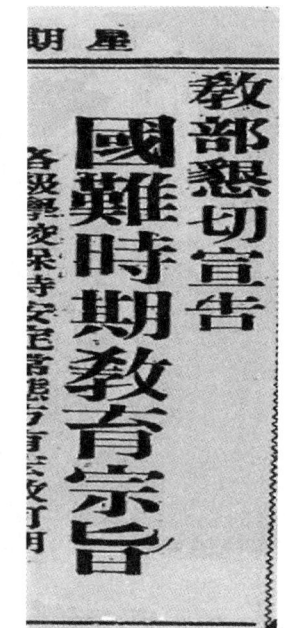 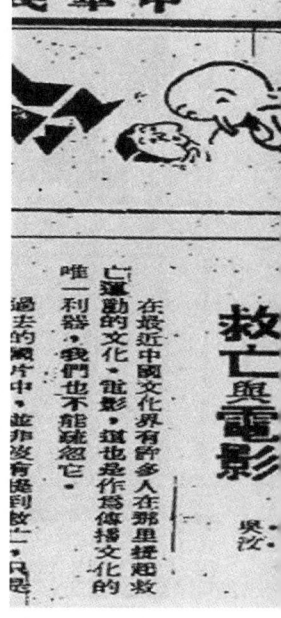

图10-22　　　　　　　　　　　　　图10-23

盲,只要电影一放映,或是照片展览一展出,不管是在城里还是乡野,大字不识一个的老老少少男男女女同胞,一看电影一看照片"救亡"的道理一目了然。

在"中国教育电影运动"的大旗下,1936年,蔡元培、郭有守、陈裕光、魏学仁等泰斗们发起组建了"教育影片摄制推广委员会",委任孙明经担任副主任并摄制部主任。从此,开始有计划大规模地摄制"唤起民众"的教育电影与照片那有趣又充满艰辛的历程。

在泰斗们的支持与推动中,孙明经制定了一个宏大的教育电影摄制规划,在《锦绣中华》的总片名下,拍摄一套影片内容囊括全国的

图10-22　当时《南京日报》有关教育界提出国难时期教育方案的报道文章标题……

图10-23　提出"救亡与电影"的《南京日报》报道的标题。

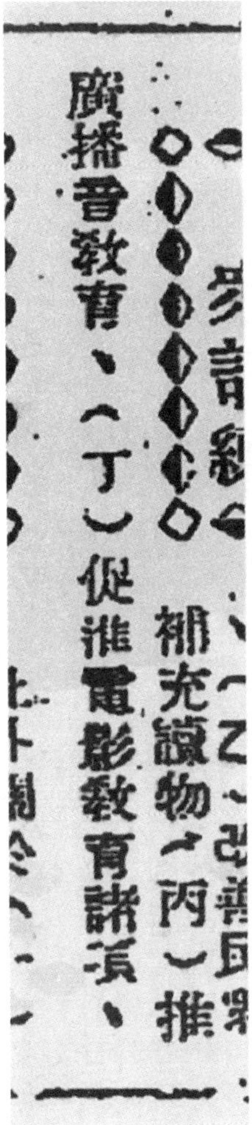

補充讀物（丙）推
廣播音教育、（丁）促進電影教育諸項、

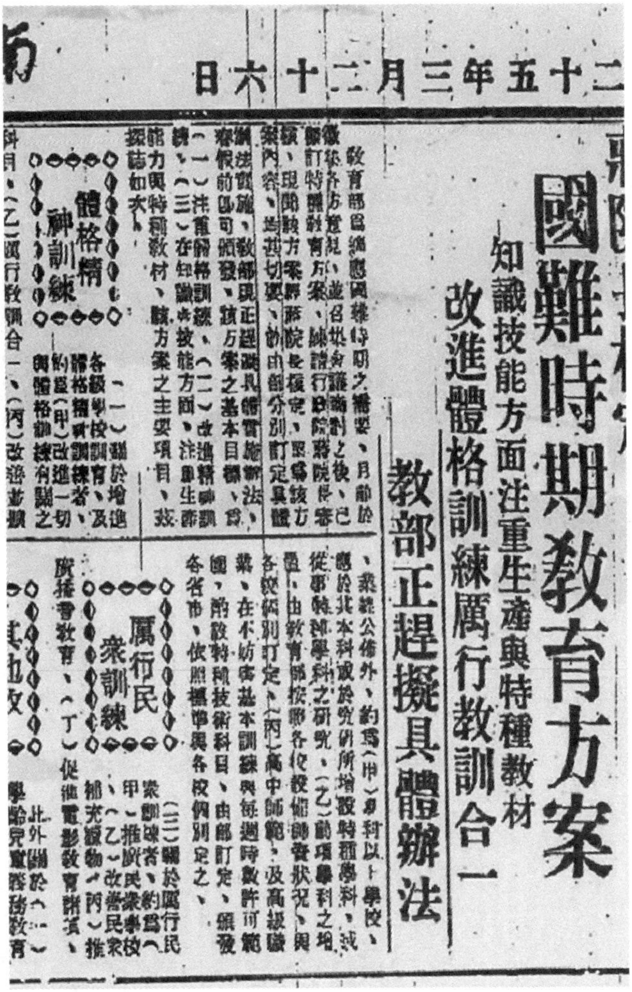

二十五年三月二十六日

國難時期教育方案

知識技能方面注重生產與特種教材 改進體格訓練厲行教訓合一

教部正擬具體辦法

體格精神訓練

厲行民衆訓練

廣播音教育、（丁）促進電影教育諸項、

图10—24

图10—24　本页的剪报为中共地下党党员郭有守起草的“国难时期教育方案”1936年3月25日正式成为国家政策的报道。

本页最左边为1936年3月25日正式成为当时国家政策的“国难时期教育方案”的局部放大内容：“推广播音教育”“促进电影教育”成为当时的国家政策。

图10-25

教育电影，通过电影，让全国同胞看到我们祖国的可爱，以唤起广大同胞的"救亡"情绪。

中国教育电影协会成立之初，蔡元培就向金陵大学校长陈裕光博士建议：欲救亡必知国情于先，欲知国情必调查国情于先，金陵大学是否可以在用电影和照片参与国情调查方面做些尝试。

就用电影与照相参与国情调查这一课题，金陵大学教务长兼理学院院长魏学仁博士专门安排弟子孙明经做技术与器材的准备。

1934年1月金陵大学理学院组织了一次对当时"京沪"沿线各大电厂及新兴工业的考察。考察由杨简初教授带队。考察中孙明经一边用笔记录一边用镜头纪录，完成了一份一万五千字和38幅照片构成的图

图10-25　1932年7月8日两位共产党员郭有守和陈翰笙发起，蔡元培担任首届主席主持成立的"中国教育电影协会"在南京成立。成立大会后与会主要成员簇拥在蔡元培（前排中）身边合影。孙明经摄

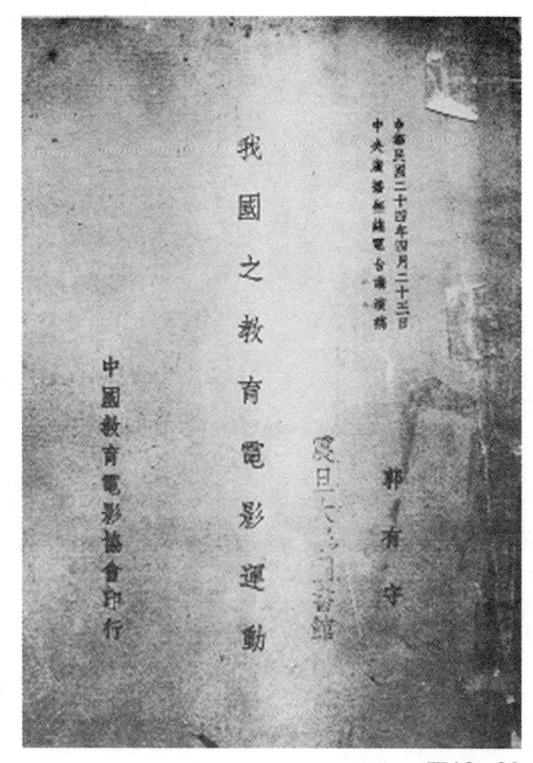

图10—26

文并茂的考察报告，图10-31为考察报告的封面。

考察中，那些或宏大或复杂的厂房设备，其外观与结构常常很难用文字恰切地记录与描叙，而一幅照片却能使人一目了然。

这一份考察报告不仅得到了泰斗们的好评与赞许，孙明经本人也从中深深地感悟到"一图胜万言"的道理，从此，对用影像手段参与考察有了更多的理解与自觉。

1937年1月，孙明经组织了对山西大同、云冈石窟和五台山的拍摄考察，二月，对北平市内和西郊的拍摄考察，三月对河北定县晏阳初农村建设试验的拍摄考察。返回南京经过两个多月的准备，六月初再出发开始对江苏徐州、灌

图10—26　图为郭有守1935年4月发表的《我国之教育电影运动》一书封面。

教部推行電影教育

與金大合作影片

—金大特設教育電影部主持—

教育部爲推行電化教育起見、除已在金陵大學舉辦電化教育人員訓練班、業已開始訓練外、關於教育電影製片工作、亦已委由金大理學院等處合作進行、並悉金大理學院自奉到教育部是項委託後、以事業激增、已決於所屬電影教育委員會之下、增設教育電影部、以潘澄侯爲主任、并加聘幹事四人、助理三人、將該部分爲總務、編譯、攝製、流通四組、由潘澄侯、婁家奎、孫明經、段天煜等分別主持、

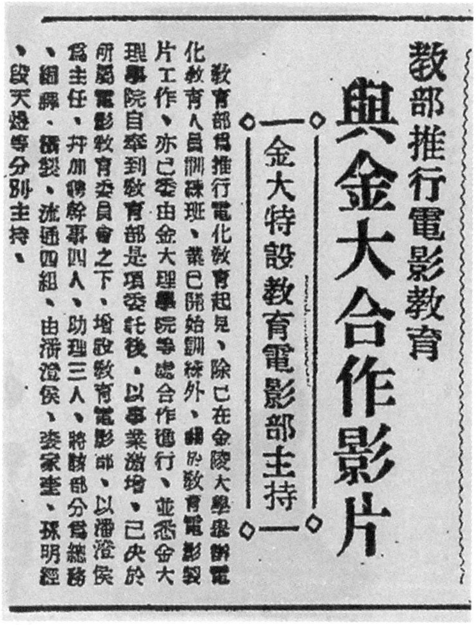

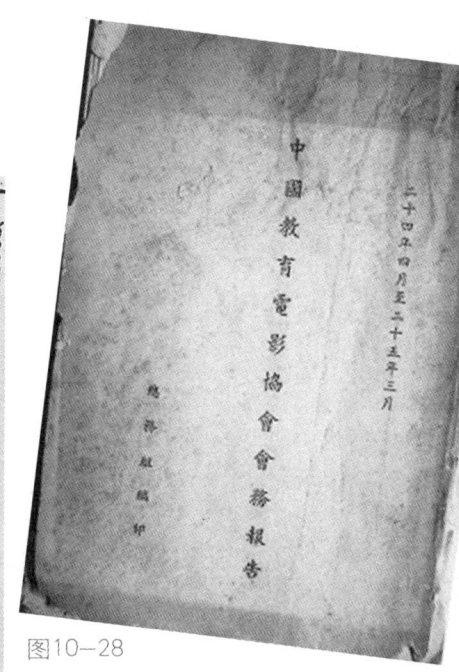

图10—27

图10—28

云、连云、淮北盐田、山东枣庄中兴煤矿并再返北平的拍摄考察。在北平又参加了以“红色历史学家”顾颉刚为团长的“1937年暑期西北考察团”，西去河北与绥远（今天的内蒙古自治区）拍摄考察。

孙明经的这一次考察，拍电影、拍照片、记文字三管齐下，可谓收获与成果颇丰。出发前，蔡元培专门对弟子孙明经交代，嘱他一定

图10—27　《南京日报》1936年9月16日第二张第三版剪报报道教育部委托金陵大学成立“教育电影部”，孙明经主持“摄制”工作。

图10—28　郭有守主编的《中国教育电影协会会务报告》（1935年4月至1936年3月）封面。

图10—29　会务报告P10有关组建“教育影片摄制推广委员会”的内容。

要对北京大学红楼校园内图书馆前面的那座牌楼门和燕京大学校园的正门好好拍摄，结果，考察途中，"七七"事变爆发，孙明经在北平仅仅拍摄了燕京大学的校园正门，而来不及拍摄北京大学红楼校园内那一座蔡元培先生认为大大有学问的牌楼门，直到1950年10月，孙明经再应召北上，此时当初的北平已经改称北京，孙明经终于拍摄了北京大学红楼校园内的那座牌楼门时，恩师蔡元培先生却已不再……

在上述这样一个大环境当中，孙明经得到了学界泰斗群体们的刻意培养，逐步越来越多地担负起用电影摄影机和照相机参与"唤起民众""群起救亡"的"影音教育"事业当中，成为那一时期用电影摄影机和照相机拍摄内容最广、数量最多的中国电影人与摄影人。

在北京学首席专家张妙弟教授的具体推动下，笔者将父亲1937年2月、6月两次在北平考察拍摄，经历过"文革"灾难后残存的照相底片加以整理，并将父亲1950年10月在北京拍摄的，同样经历"文革"灾难后残存的不多的照相底片整理一并编进这本画册中。本书策划编辑林胜利先生建议，将父亲1959年12月底，为北京电影学院摄影系同学拍摄雪景所拍摄范作一并编入本册，纳入张妙弟教授主编的北京流影系列丛书，呈现给所有关注北京的人们。

册中当初北京的面貌已大大今非昔比，照片刊出，或可供关心"北京学"和关心老北京模样的人们得窥一斑。

孙明经的拍摄活动，不论是教育电影还是照片，都是"中国教育电影运动"的产物，自然以电影为主体，照片拍摄围绕和配合电影拍摄，有时作为电影拍摄的补充。

中國教育電影協會會務報告

通過，全文如下：

中國教育電影協會 金陵大學理學院 教育影片攝製推廣委員會規則

一、中國教育電影協會，金陵大學理學院為共謀發展教育電影事業起見，聯合組織金陵大學理學院 中國教育電影協會 教育影片攝製推廣委員會（以下簡稱本委員會）攝製並推廣教育影片。

二、本委員會設委員五人由中國教育電影協會及金陵大學共同推定之。

一〇

图10—29

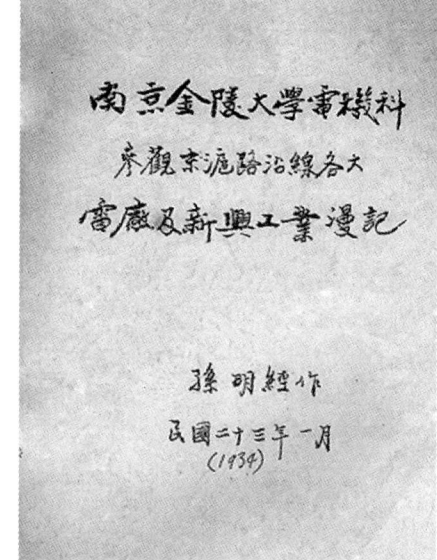

图10—30

  毕竟，孙明经是一位学者，他的拍摄活动在他的恩师群体们的引领与指导中进行，电影和照片，都明显地带有那个时代的"学者眼界与气息"。

  2011年是父亲100周年诞辰，这本书的编纂出版，承载着笔者对父亲和他的恩师们的敬意与纪念。

  对于本书的出版，笔者不能不衷心感谢北京联合大学北京学研究所的领导和学者们的帮助；

  不能不衷心感谢北京学首席专家"北京学丛书"主编张妙弟教授的鼓励与统筹；

  不能不衷心感谢笔者所在的北京电影学院的领导们给予的鼓励；

  不能不衷心感谢在曾经的"文革"灾难中，能使本书中的照片底片得以"残存"的北京电影学院后勤干部赵永生老先生；

  不能不衷心感谢笔者的家人给予的帮助与鼓励……

2011年11月北京陋室

图书在版编目（CIP）数据

孙明经眼中的老北京 / 孙健三著. —北京：北京大学出版社，2014.6
（北京学丛书. 流影系列）
ISBN 978-7-301-24310-7

Ⅰ. ①孙… Ⅱ. ①孙… Ⅲ. ①北京市－地方史－图集 Ⅳ. ①K291-64

中国版本图书馆 CIP 数据核字（2014）第 114066 号

书　　　名：孙明经眼中的老北京
著作责任者：孙健三　著
责 任 编 辑：谢佳丽
装 帧 设 计：北京博雅汉风文化传播有限公司
标 准 书 号：ISBN 978-7-301-24310-7/J·0589
出 版 发 行：北京大学出版社
地　　　址：北京市海淀区成府路205号　100871
网　　　址：http://www.pup.cn
新 浪 微 博：@北京大学出版社
电 子 信 箱：ss@pup.pku.edu.cn
电　　　话：邮购部 62752015　发行部 62750672　编辑部 62765016
　　　　　　出版部 62754962
印　　刷　者：北京大学印刷厂
经　销　者：新华书店
　　　　　　787毫米×1092毫米　16开本　14.5印张　100千字
　　　　　　2014年6月第1版　2014年6月第1次印刷
定　　　价：36.00元

未经许可，不得以任何方式复制或抄袭本书之部分或全部内容。
版权所有，侵权必究
举报电话：010-62752024　电子信箱：fd@pup.pku.edu.cn